DANKWART SEIDEL

MITTELMEERBLUMEN

W0057768

›TopGuideNatur‹

Dr. Dankwart Seidel

MITTELMEER-BLUMEN

Treffsicher
bestimmen
mit dem
3er-Check

blv

Inhalt

Einführung

Millionen von Menschen, vor allem aus Mittel-, West- und Nordeuropa, unternehmen jedes Jahr Erholungs- oder Studienreisen in den Mittelmeerraum. Die Gründe für diese Präferenz sind allgemein bekannt und leicht nachvollziehbar: Die Region, die der subtropischen Wechselklimazone mit trockenen, heißen Sommern und milden, niederschlagsreichen Wintern angehört, bietet in den Hauptreisezeiten ideales Wetter, vor allem viel und beständigen Sonnenschein sowie über viele Monate Wassertemperaturen, die das Mittelmeer als »Badewanne Europas« so attraktiv machen. Einen großen Stellenwert hat aber auch das Aufsuchen historischer Stätten und die Auseinandersetzung mit den antiken Kulturen, die die Geschichte Europas maßgeblich geprägt und beeinflusst haben. Mit dem Zusammenwachsen Europas ist nicht nur das Kennen- und Schätzenlernen der Menschen und ihrer Lebensstile in den südeuropäischen Ländern viel selbstverständlicher geworden, auch die vielfältigen Möglichkeiten, in relativ kurzer Zeit mediterrane Ziele erreichen zu können, haben den Mittelmeerraum ins Zentrum wirtschaftlicher, insbesondere touristischer Interessen rücken lassen.

Seit jeher haben sich Reisende von dieser faszinierenden Region inspirieren lassen, nicht zuletzt spielte auch stets die Andersartigkeit der Vegetation, die überwältigende Artenfülle der Flora dabei eine wesentliche Rolle. Meist werden wohl zunächst vorwiegend die andersartigen Nutz- oder Zierpflanzen Beachtung finden, seien es blühende Mandelbaum- oder Zitrus-Kulturen, alte Ölbaumbestände, blühende oder fruchtende Granatapfelbäume, Artischockenfelder oder die ganze Vielfalt subtropischer Blütenpflanzen in den Vorgärten, Anlagen und Parks, die oft noch nicht einmal zur ursprünglich mediterranen Flora gehören, sondern aus vergleichbaren klimatischen Gebieten anderer Kontinente stammen. Nicht minder nachhaltige Eindrücke vermitteln aber auch die charakteristisch mediterranen Vegetationszonen, Lebensgemeinschaften oder Pflanzensippen, seien es Korkeichenwälder oder Macchien, Gariguen mit ihrem unverwechselbar aromatischem Duft, blühende Ginster- oder Zistrosenbestände, artenreiche Felsheiden oder die Formenvielfalt von Ragwurz-Populationen. Den sicherlich stärksten Eindruck hinterlässt die Mediterranflora in den Monaten März bis Mai, aber auch die anderen Jahreszeiten bieten – abhängig von Jahres- und Lebenszyklen, von Biotop und Meereshöhe immer wieder eine Fülle reizvoller botanischer Eindrücke und Beobachtungsmöglichkeiten.

Die Anzahl der im Mittelmeergebiet vorkommenden Gefäßpflanzenarten (Farnartige und Blütenpflanzen) dürfte zwischen 20 000 und 25 000 liegen, beträgt also fast das Achtfache der Artenzahl der mitteleuropäischen Flora. Ein großer Teil der Arten ist für das gesamte Mediterrangebiet typisch und kommt demzufolge zirkummediterran vor, andere sind in ihrem Verbreitungsgebiet auf den östlichen, den zentralen oder den westlichen Mittelmeerraum beschränkt; viele so genannte Endemiten kommen nur in eng begrenzten, z.T. extrem kleinen Gebieten wie einzelnen Inseln vor.

Ein für den interessierten Laien konzipiertes Bestimmungsbuch, das einerseits einen grob-repräsentativen Querschnitt und Überblick anbietet, andererseits mit rund 200 Arten nicht einmal 1 % der gesamten Flora umfasst, muss sich zwangsläufig starken Beschränkungen unterwerfen. Ein vorrangiges Ziel war es daher, Arten aufzunehmen, die in der überwiegenden Zahl im gesamten Mittelmeerraum anzutreffen sind. Diese werden durch einige Arten ergänzt, die für größere Teilbereiche der mediterranen Florenregion charakteristisch sind und dem »Hobbybotaniker« besonders im blühenden Zustand leicht auffallen. Generell wurden auffallende, optisch attraktive Arten vorrangig berücksichtigt. Nicht aufgenommen wurden farnartige Gefäßpflanzen, Nadelgehölze sowie Gräser und Seggen. Bei den Laubgehölzen fiel die Entscheidung zugunsten strauchiger bzw. bäumchenförmiger Vetreter, da die Strauchformationen im gesamten Mittelmeerraum weiter verbreitet sind als beispielsweise die nur noch selten anzutreffenden immergrünen Wälder. Kulturpflanzen, insbesondere auch Zierpflanzen bleiben weitestgehend unberücksichtigt. Einige eingeführte und das Landschaftsbild prägende Arten wurden jedoch in die Artenauswahl aufgenommen.

Trotz all der genannten Einschränkungen wurde versucht, in systematischer Hinsicht ebenfalls einen ansatzweise repräsentativen Querschnitt durch Berücksichtigung typischer Arten aus vielen Pflanzenfamilien zu bieten. Nach einem ersten Ein- und Überblick, zu dem dieses Buch anregen soll, wird bei gewecktem Interesse und zunehmender Faszination über die mediterrane Flora zweifellos speziellere Literatur konsultiert werden müssen. Selbst Spezialisten erleben in dieser vielgestaltigen und reichhaltigen Florenregion immer wieder Überraschungen ...!

Ölbäume gehören zu den Charakterpflanzen des Mittelmeerraumes. Besonders alte, extensiv bewirtschaftete Kulturen beherbergen viele typisch mediterrane, krautige Blütenpflanzarten.

Vegetation des Mittelmeerraumes

Wer unterschiedliche Regionen des Mittelmeerraumes bereist hat, wird festgestellt haben, dass viele Pflanzenarten für alle Bereiche des Mediterrangebietes typisch sind, andere nur in ganz bestimmten Teilregionen auftreten. Während der Ölbaum *(Olea europaea)* und die Stein-Eiche *(Quercus ilex)* zirkummediterran verbreitet sind, kommt die Kork-Eiche *(Quercus suber)* eher im westlichen, der Östliche Erdbeerbaum *(Arbutus andrachne)* eher im östlichen Mittelmeergebiet vor. Daraus wird ersichtlich, dass der geographisch relativ eindeutig abgrenzbare Mittelmeerraum florengeographisch durchaus heterogen ist und in wichtige Teilbereiche untergliedert werden kann, auf die bei den Angaben zur Verbreitung der Arten Bezug genommen wird.

Die gängige geobotanische Gliederung (nach MEUSEL) unterteilt Florenreiche in Florenregionen und Unterregionen, diese in Florenprovinzen und Unterprovinzen; noch kleinräumigere Einheiten sind Bezirke und Unterbezirke. Das Mittelmeergebiet gehört innerhalb des Florenreiches Holarktis zur makaronesisch-mediterranen Florenregion, die im Allgemeinen in 3 Unterregionen unterteilt wird. Die makaronesische Unterregion umfasst die der Mediterraneis benachbarten atlantischen Inseln (Kanaren, Madeira, Azoren). Als mediterrane Unterregion wird der Mittelmeerraum im engeren Sinne bezeichnet; die nördliche Begrenzung verläuft etwa von der Mitte der Iberischen Halbinsel über Mittelitalien ostwärts bis zur nördlichen Ägäis, die Südgrenze von Marokko entlang der nordafrikanischen Küste bis etwa Jordanien. Im Osten gehören Westanatolien, die Südküste der Türkei sowie ein schmaler Streifen von Syrien bis Israel dazu (vgl. Abb.).

Aufgrund florengeschichtlicher Besonderheiten ergibt sich eine deutliche Untergliederung der mediterranen Unterregion in west-östlicher Richtung: Die Abgrenzung der west- von der zentralmediterranen Provinzgruppe verläuft auf einer gedachten Linie von Südfrankreich bis Tunesien, die Balearen gehören zur Westmediterraneis, Sardinien und Sizilien zur Zentralmediterraneis. Deren Abgrenzung zur Ostmediterraneis verläuft vom Südbalkan über den Peloponnes bis Nordlybien (vgl. Abb.). Im Osten der Ostmediterraneis schließt sich die orientalisch-turanische Florenregion an.

Als dritte Unterregion der makaronesisch-mediterranen Florenregion wird die submediterrane Unterregion angesehen, die sich als breiter Streifen nördlich der mediterranen Unterregion von Portugal bis zum Schwarzen Meer erstreckt und die in west-östlicher Richtung ebenso wie die mediterrane Unterregion in einen west-submediterranen, zentral- und ost-submediterranen Bereich unterteilt wird.

Im Norden der makaronesisch-mediterranen Florenregion schließt sich die mitteleuropäische Florenregion (mit atlantischer, subatlantischer und zentraleuropäischer Provinz von West nach Ost); Übergänge und Beziehungen, insbesondere zur submediterranen Unterregion sind leicht nachvollziehbar. In ähnlicher Weise gilt dies für die sich im Süden von den Kapverdischen Inseln quer durch Nordafrika erstreckende saharo-sindische Florenregion.

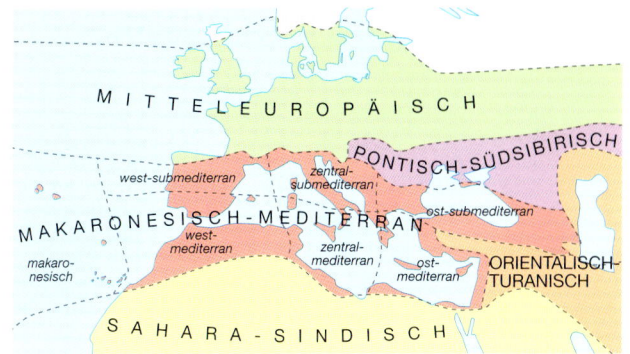

Ausdehnung und Gliederung der makaronesisch-mediterranen Florenregion sowie benachbarte Florenregionen.

Charakteristisch für die mediterrane Unterrregion sind **Hartlaubgehölze**. Diese Vegetationsformation entstand im Zusammenhang mit gravierenden erdgeschichtlichen Veränderungen im Zeitraum des so genannten Neophytikums (vor etwa 100 Mio. Jahren bis heute). Im Alttertiär hatten sich bei überdurchschnittlich warmem, ausgeglichenem Klima im heutigen holarktischen Florenreich tropisch-subtropische Regenwaldfloren ausgebreitet. Plattentektonische Verschiebungen und dadurch bedingte Gebirgsauffaltungen (Alpen, Pyrenäen, Apennin, Atlas-Gebirge) führten im Jungtertiär zu einer fortschreitenden Abkühlung des Klimas, die ihren Höhepunkt in den Eiszeiten des Quartärs erreichte. Das Klima wurde kontinentaler, die Floren- und Vegetationszonen verschoben sich nach Süden. Dabei wurden die Florenwanderungen in Europa durch quer gestellte und vergletscherte Hochgebirge erheblich behindert. Als Ausweichräume blieben nur die Balkanhalbinsel und feuchte Gebiete im östlichen Mittelmeerraum sowie im Südwesten auf den Kanarischen Inseln. (Die dortigen Lorbeerwälder sind Restbestände dieser ehemaligen arktotertiären Flora!) Dies bedeutete für viele arktotertiäre und Wärme liebende Pflanzensippen das Aussterben. Im Bereich der heutigen Mittelmeerländer bildeten sich warm-kontinentale, sommertrockene Klimaverhältnisse aus, die im mittleren Tertiär zur Umgestaltung der immergrünen Regenwaldfloren zu Hartlaubfloren führte. In der Folgezeit entstand vor allem in geologisch stabilen Bereichen, z.B. auf der Iberischen Halbinsel oder in Südwestasien, die derzeitige Mittelmeerflora. Dies ist an den Mannigfaltigkeitszentren vieler Pflanzensippen gut nachzuvollziehen.

Ursprünglich waren die **immergrünen Hartlaubwälder** im gesamten Mittelmeerraum als zonale (d.h. der Klimazone entsprechende) Vegetation vorhanden. Heute finden sich aufgrund der schon über Jahrtausende andauernden anthropogenen Einflüsse nur noch Restbestände – vor allem in den nordwestafrikanischen Gebirgszügen. Die Baumschicht wird hauptsächlich von der Steineiche *(Quercus ilex)* gebildet. Die Strauchschicht setzt sich ebenfalls zum großen Teil aus Hartlaubgehölzen wie beispielsweise dem Immergrünen Schneeball *(Vibur-*

num tinus), Steinlinden *(Phillyrea)*- und Pistazien-Arten *(Pistacia lentiscus* und *P. terebinthus)* sowie Lianen wie Stechwinde *(Smilax aspera)* oder Waldrebe *(Clematis)* zusammen. In der nur spärlich ausgebildeten Krautschicht finden sich u.a. der Stechende Mäusedorn *(Ruscus aculeatus)* und der Stechende Spargel *(Asparagus acutifolius)*.

Da das Mittelmeergebiet zu den ältesten Kulturräumen der Erde gehört, sind die ständig erfolgten Eingriffe in die autochthone (= natürlich vorhandene) Vegetation entsprechend folgenschwer: Die immergrünen Wälder wurden für Bauten, Schifffahrt und als Brennholz selbst an den Hanglagen abgeholzt und zusätzlich beweidet, sodass heftige Bodenerosion einsetzte und eine Regeneration der Wälder chancenlos blieb. Daher findet man heute im Wesentlichen nur noch **Degradationsstadien** der früheren Hartlaubfloren vor.

Die als Niederwald immer wieder geschlagenen, durch Verbiss geschädigten und durch Stockausschläge verjüngten Gebüschformationen werden **Macchie** genannt. Macchien entwickeln sich auch dort, wo zu flachgründige Böden keinen echten Wald aufkommen lassen, beispielsweise an steileren Hängen.

Wird der Niederwald in noch kürzeren Abständen geschlagen und zusätzlich noch beweidet oder abgebrannt, so verschwinden die Baumarten und es entsteht der weithin im Mittelmeerraum vorherrschende offene Vegetationstypus der **Garigue**, auch Phrygana (Griechenland) bzw. Tomillares (Spanien) genannt. Hier dominieren strauchige und polsterförmig wachsende Arten und bilden mitunter ausgedehnte Bestände z.B. Zistrosen *(Cistus)*, Lavendel *(Lavandula)*, Rosmarin *(Rosmarinus)*, Thymian *(Thymus)*, Brandkraut *(Phlomis)* u.a. Abbrennen und Beweidung begünstigen andererseits Rasengesellschaften und schaffen teilweise völlig bewuchsfreie Stellen, auf

Garigues sind typische mediterrane artenreiche, bis etwa 1,5 m hohe, offene Strauchformationen, in denen häufig Zistrosen-Arten dominieren; freie Stellen bieten Geo- und Therophyten vorübergehend Lebensraum.

denen Therophyten vorübergehend Fuß fassen können. Das sind einjährige Pflanzen, die ihren gesamten Lebenszyklus in einer Vegetationsperiode durchlaufen und die ungünstige (Sommertrocken-)Periode in Form von Samen überdauern. Meist sind in diesen offenen Gesellschaften auch Geophyten (überdauern die ungünstige Trockenperiode mit Hilfe von Zwiebeln, Knollen oder Rhizomen) wie Orchideen-, Iris- oder Affodill-Arten mit großer Artenfülle vertreten. Die Hauptvegetations- und Blütezeit ist das Frühjahr, da die Winter in Folge der Zyklonen zwar regenreich, aber auch vergleichsweise kühl, und die Sommer heiß und trocken sind. Im Frühjahr (März bis Mai) erscheinen Garigues daher oft in geradezu verschwenderischer Blütenpracht, im späteren Verlauf des Sommers wirken sie dagegen vertrocknet und unansehnlich. Überlässt man diese Vegetation sich selber, hören also Kultivierung und/oder Beweidung auf, so stellen sich nach und nach wieder Hartlaubgehölze ein, nach größeren Zeiträumen auch wieder die ursprüngliche zonale Vegetation der immergrünen Hartlaubwälder.

Besondere Merkmale der Hartlaubgewächse

Pflanzen in Gebieten mit Winterregen- und lang anhaltender sommerlicher Trockenperiode sind vergleichsweise extremen ökologischen Bedingungen ausgesetzt. Nur durch entsprechende Anpassungsmerkmale, die sowohl die Gestalt und den Aufbau der Pflanze als auch ihre Funktionen betreffen, können sie unter diesen Bedingungen existieren. Dazu gehört ein gut ausgebildetes, tief reichendes Wurzelsystem, das die im Boden gespeicherten Winterniederschläge nutzen kann. Eine Wasseraufnahme durch die Wurzel aus dem Boden ist aber nur möglich, wenn ein entsprechendes Wasser-Potenzialgefälle vorhanden ist. Das Wasser-Potenzial des Bodens nimmt beim Austrocknen ab und erschwert die Wasseraufnahme. Die Pflanze kann dem entgegenwirken, indem sie das eigene osmotische Potenzial, die »Saugkraft« erhöht. Dies kann dadurch geschehen, dass sie z. B. die Salzkonzentration in den Vakuolen der Zellen erhöht oder indem sie durch Transpiration vor allem durch die Spaltöffnungen der Blätter Wasser an die Umgebung abgibt. Da auch der Gasaustausch durch die Spaltöffnungen erfolgt, kann die Pflanze bei ausreichender Wasserversorgung das für die Fotosynthese benötigte Kohlenstoffdioxid aufnehmen und die für ihre eigenen Stoffwechsel- und Lebensvorgänge erforderlichen energiereichen Verbindungen produzieren. Bei erschwerter Wasserversorgung muss die Pflanze dagegen die Spaltöffnungen zumindest teilweise schließen, was die Einschränkung des Gasaustausches zur Folge hat.

Hartlaubgewächse kommen mit diesem Dilemma besser zurecht: Sie sind durch kleinflächige, ledrig-derbe und saftarme Blätter gekennzeichnet. Die transpirierende Oberfläche wird dadurch gering gehalten, jedes Welken bei unzureichender Wasserversorgung ist ausgeschlossen und das Wasser-Potenzialgefälle bleibt erhalten. Oft sind die Spaltöffnungen eingesenkt oder die Blätter können bei Trockenheit eingerollt werden und damit die Spaltöffnungen komplett »wegschließen«. Dicke Wachsüberzüge (blaugrünes Aussehen!) und/oder dichte Behaarung, die »windstille« Räume schafft, in denen feuchtere Luft »festgehalten« werden kann, verringern zu hohe Wasserverluste. Die verstärkte Einlagerung von verholzten Faserelementen verleiht dem Blatt Festigkeit und Stabilität, die zusätzliche Ausbildung von Stacheln oder Dornen oder die Produktion giftiger Inhaltsstoffe schützen vor Tierfraß.

Aus diesen Gründen sind die Hartlaubgewächse in den Winterregengebieten sowohl den immergrünen Nichthartlaubarten als auch den sommergrünen, Laub abwerfenden Arten in der Konkurrenz deutlich überlegen und konnten sich letztlich in dieser Klimaregion durchsetzen.

Dort allerdings, wo bei typisch mediterranem Klima ständig eine gute Wasserversorgung gewährleistet ist, beispielsweise in Auwäldern oder an feuchten Nordhängen, wachsen vorzugsweise Laub abwerfende oder immergrüne Nichthartlaubarten, die dann durch ihre größere Blattfläche und somit höhere Fotosyntheseraten im Vorteil sind.

Überblick über wichtige Lebensgemeinschaften

Die für die mediterrane Region typischen **immergrünen Hartlaubwälder**, in denen meist Stein-Eichen *(Quercus ilex)*, im Westen aber auch Kork-Eichen *(Quercus suber)*, im Osten Kermes-Eichen *(Quercus coccifera)* dominieren und in denen im Süden häufig Johannisbrotbäume *(Ceratonia siliqua)* und Wilde Ölbäume *(Olea europaea)* auftreten, sind nur noch in Restbeständen vorhanden und heute eher noch als vom Menschen genutzte Niederwälder anzutreffen. Zahlreiche Arten der Strauch- und Krautschicht finden sich bestandbildend in den Macchien wieder und werden dort aufgeführt. In offeneren Vegetationstypen gehören auch Nadelbäume den immergrünen Wäldern an, insbesondere die Kiefern-Arten *Pinus pinea* (Pinie), *P. halepensis* (Aleppo-Kiefer) und *P. pinaster* (Stern-Kiefer) im westlichen und *P. brutia* (Brutia-Kiefer) im östlichen Mittelmeergebiet. Im Ostmediterranraum existieren darüber hinaus noch lichte Zypressenwälder *(Cupressus sempervirens)*, vereinzelt auch noch Relikbestände der Libanon-Zeder *(Cedrus libani)*; ein Pendant im Atlas-Gebirge bilden die Atlas-Zedern *(C. atlantica)*.

Mit zunehmender Meereshöhe und damit besserer Wasserversorgung während der sommerlichen Trockenphase lösen **sommergrüne Wälder** die immergrünen Hartlaubwälder ab. Vergleichbar der Abfolge der Florenregionen in Süd-Nord-Richtung folgt also auch bei den mediterranen Höhenstufen auf die mediterrane Stufe die submediterrane Laubwaldstufe. (In noch höheren Lagen folgt darüber in Höhe der sommerlichen Wolkendecke eine Art Nebelwaldstufe mit Buchen und Tannen, die der mitteleuropäischen Florenregion entspricht.) Charakteristisch für die submediterranen Laubwälder sind beispielsweise Flaum-Eiche *(Quercus pubescens)*, Edelkastanie *(Castanea sativa)*, Orientalische Hainbuche *(Carpinus orientalis)*, Hopfenbuche *(Ostrya carpinifolia)*, Französischer Ahorn *(Acer monspessulanum)* und Manna-Esche *(Fraxinus ornus)*. Auch die Vertreter der Strauchschicht wie Blasenstrauch *(Colutea arborescens)* oder Strauchige Kronwicke *(Coronilla emerus)* sind meist sommergrün, doch finden sich stets auch noch immergrüne Arten. Durch den stärkeren Lichtdurchlass ist die Krautschicht der sommergrünen Laubwaldstufe vergleichsweise artenreich. Die Areale mancher dieser Wärme liebenden submediterranen Arten strahlen gelegentlich noch bis in die wärmeren Gebiete der mitteleuropäischen Florenregion aus.

Wie bereits dargestellt, sind insbesondere von den immergrünen Wäldern infolge von Rodung, Brand und Beweidung fast nur noch Degradationsstadien anzutreffen. Diese Strauchformationen prägen inzwischen weithin das Landschaftsbild der Mittelmeerländer. **Macchien** sind 2–5 m hohe, meist aus immergrünen Gehölzen bestehende Formationen. Die Bezeichnung ist auf den auf Korsika gut ausgebildeten dichten Buschwald (»maquis«) zurückzuführen. Ein ausreichendes Niederschlagsangebot ist die wesentliche Voraussetzung für die Entstehung und Erhaltung dieses Vegetationstypus, infolgedessen finden sich Macchien ausgeprägter im westlichen und zentralen Mediterrangebiet bzw. kleinräumig gesehen an den eher niederschlagsexponierten West- und Nordhängen der Gebirgszüge. Eine ganze Reihe der in diesem Pflanzenführer beschriebenen Arten gehören dieser Strauchformation an: Dominierend und oft bestandbildend sind Baumheide *(Erica arborea)* und Erdbeerbaum-Arten *(Arbutus unedo* in der Westhälfte, *A. andrachne* im Osten), Mastixstrauch *(Pistacia lentiscus)* und Pfriemenginster *(Spartium junceum).* Hinzu kommen je nach lokalen Bedingungen oft Myrte *(Myrtus communis)* oder bestimmte Zistrosen-Arten *(Cistus salvifolius, C. monspeliensis)*, die aber bereits einen höheren Lichtbedarf haben und zu den weiter degradierten Strauchformationen überleiten.

Falls Macchien durch Holzentnahme und/oder intensive Beweidung fortwährend gestört oder geschädigt werden, verschwinden die Baumarten und es entsteht eine maximal etwa 1,5 m hohe Strauchformation, die **Garigue**, die sich vorwiegend aus Sträuchern, Halb- und Zwergsträuchern zusammensetzt, die

Macchien – Degradationsstadien der Hartlaubwälder – bestehen vorwiegend aus 2–5 m hohen immergrünen Hartlaubgehölzen. Mastixstrauch, Erdbeerbaum und Pfriemenginster sind typisch, an offeneren Stellen leiten Zistrosen zur Garigue über.

alle mehr oder weniger stark xeromorphe Anpassungsmerkmale (an trockene Bedingungen angepasste Gestaltmerkmale) aufweisen. Typisch sind u. a. diverse rosarot oder weiß blühende Zistrosen-Arten *(Cistus albidus, C. creticus, C. salvifolius, C. monspeliensis)*, Lavendel-Arten *(Lavandula stoechas, L. angustifolia, L. dentata)*, Salbei-Arten *(Salvia fruticosa, S. officinalis, S. sclarea)*, Brandkraut *(Phlomis)*, Rosmarin *(Rosmarinus officinalis)*, Thymian-Arten *(Thymus, Coridothymus)* oder Dornsträucher wie der Dornige Ginster *(Genista acanthoclada)*, die Dorn-Bibernelle *(Sarcopoterium spinosum)* oder die Dornbusch-Wolfsmilch *(Euphorbia acanthothamnos)*, die durch ihre Bedornung erfolgreich gegen Tierfraß geschützt sind.

Mit fortschreitender anthropogener Degradation wird die Vegetation zunehmend offener, die Bodenerosion verstärkt sich und die mikroklimatischen Bedingungen verschlechtern sich. Zwergsträucher sind nun die vorherrschende Lebensform. Sie werden in der Regel durch einige besonders angepasste Spezialisten ergänzt.

Je nach Intensität der Beweidung, nach Bodenbeschaffenheit und mikroklimatischen Gegebenheiten entstehen mosaikartig **Grasfluren** bzw. **Felsheiden** im Wechsel mit Rohböden oder nacktem Fels. Hier gedeihen zwischen einigen, an aride Bedingungen angepassten Grasarten vor allem Zwiebel- und Knollengeophyten, beispielsweise zahlreiche Orchideen- oder Iris-Arten, Vertreter der Liliengewächse usw.. Hinzu kommt eine ganze Fülle halbstrauchiger, oft aromatisch duftender Arten, z. B. aus der Familie der Lippenblütengewächse, sowie viele einjährige Pflanzen (Annuelle oder Therophyten), die vor allem auf den erodierten, frei gewordenen Flächen rasch Fuß fassen können und diese für ihren kurzen Lebenszyklus nutzen. Viele Schmetterlingsblütengewächse gehören zum letztgenannten Lebensformtypus. Gerade bei der Vegetationsformation der mediterranen Felsheiden zeigt sich die Vegetationsrhythmik zwischen Winterfeuchte und Sommertrockenheit in ausgeprägter Form, und wer im Sommer oder Herbst die ausgetrockneten oder vermeintlich abgestorbenen Biotope betritt, ahnt nichts von dem unglaublichen Artenreichtum, von der fast verschwenderischen Blütenpracht, die sich nach den Winterregen im Frühjahr hier entfaltet.

Bei den Grasfluren bzw. Trockenrasengesellschaften entscheidet oft die Intensität der Beweidung über die Zusammensetzung der Flora. Weidetiere, also insbesondere Schafe und Ziegen wirken selektierend auf die vorhandene Vegetation, sodass nach einiger Zeit mit Stacheln oder Dornen bewehrte oder giftige Arten dominieren, manchmal sogar Massenbestände bilden. Beispielhaft seien derartige Bestände der Ebensträußigen Eberwurz *(Carlina corymbosa)*, der Meerzwiebel *(Urginea maritima)* oder von Affodill-Arten, insbesondere Kleinfrüchtiger Affodill *(Asphodelus aestivus)*, genannt.

Die starke Degradation der Vegetation und in deren Folge die allgegenwärtigen Erosionserscheinungen lassen oft den nackten Gesteinsuntergrund zu Tage treten. An diesen Stellen, insbesondere aber in zahlreichen Schluchten, die bisweilen den Charakter von Canyons haben, finden sich abhängig von der Art des Substrates und der Exposition zahlreiche öko-logische »Planstellen« für Chasmophyten.

Dabei handelt es sich um Pflanzen, die in mit Humus gefüllten **Felsspalten** wachsen. Viele von ihnen sind an die extremen Bedingungen oft in außergewöhnlicher Weise angepasst und kommen als Endemiten oft nur in sehr eng begrenzten Arealen vor.

Die **Küstenregionen** gehören zu den am stärksten vom Menschen beeinflussten Bereichen. An noch einigermaßen naturbelassenen **Sandstränden** trifft man zahlreiche Blütenpflanzenarten, von denen die nahe am Spülsaum wachsenden, z.B. Meersenf *(Cakile)*, salztolerant sind. Aber auch die anderen Sandstrandarten, beispielsweise der Gattungen Leimkraut *(Silene)*, Levkoje *(Matthiola)*, Schneckenklee *(Medicago)*, Hornklee *(Lotus)*, Strand-Winde *(Calystegia)*, Trichternarzisse *(Pancratium)*, sind in besonderer Weise an die meist stark ariden Bedingungen angepasst. Die Vegetation der **Felsküsten** ist in der Regel deutlich artenärmer, auch hier gibt es jedoch Spezialisten, die bis in den Spritzwasserbereich vordringen, z.B. Meerfenchel *(Crithmum)*, oder die auf oder zwischen Gestein Fuß fassen und Salz, Trockenheit und Wind ertragen können, z.B. Arten der Gattungen Strandflieder *(Limonium)* und Strandstern *(Asteriscus)*.

Das **Kulturland** der Mittelmeerländer wird entscheidend vom Ausmaß der Bewässerung geprägt. Auf unbewässerten Böden werden einerseits Fruchtgehölze wie Ölbaum, Mandelbaum, Johannisbrotbaum und Wein, andererseits Getreide angebaut. Demgegenüber müssen Gemüsefelder und vor allem die aus Südostasien eingeführten Zitrus-Arten bewässert werden. Vor allem extensiv bewirtschaftete oder brachliegende Böden in alten Ölbaumkulturen bieten einer Fülle krautiger Arten günstige Entwicklungsbedingungen. Es handelt sich dabei insbesondere um Geophyten, z.B. Vertreter der Gattungen Lauch *(Allium)*, Knabenkraut *(Orchis)*, Ragwurz *(Ophrys)*, Zungenstendel *(Serapias)*, Anemone *(Anemone)*, Aronstab *(Arum)*, Krummstab *(Arisarum)*, und Therophyten, z.B. Hornmohn *(Glaucium)*, Wicke *(Vicia)*, Platterbse *(Lathyrus)*, Bockshornklee *(Trigonella)*, Schneckenklee *(Medicago)*, Skorpionsschwanz *(Scorpiurus)*, Sauerklee *(Oxalis)*, Gauchheil *(Anagallis)*, Wachsblume *(Cerinthe)*, Sommerwurz *(Orobanche)*, Ringelblume *(Calendula)*, Wucherblume *(Chrysanthemum)*.

Felsheiden offenbaren ihren Artenreichtum im Frühjahr nach den Winterregen.

Gefahren für Flora und Vegetation

Obwohl und zum Teil sogar weil der Mensch in den vergangenen Jahrtausenden massiv in die Lebensgemeinschaften eingegriffen hat, konnte sich eine ausgesprochen artenreiche Flora entwickeln und erhalten. Zwar verschwand weitgehend die zonale Vegetation der immergrünen Hartlaubwälder, doch schufen die Degradationen der Vegetation andererseits neue »Planstellen«, die von anderen Arten und Lebensformtypen genutzt werden konnten. Infolge der meist extensiven Nutzung gab es für die jeweiligen Pflanzenpopulationen sowohl in räumlicher als auch in zeitlicher Hinsicht hinreichend Möglichkeiten auf die Einflüsse und Veränderungen seitens des Menschen zu reagieren.

Von ganz anderer Dimension und Tragweite sind dagegen die anthropogenen Einflüsse der letzten Jahrzehnte, die mit der expansiven Entwicklung des Tourismus einhergehen. In dramatischer Weise sind die Küstengebiete betroffen: eingeebnete und »makellos auch von Pflanzen gesäuberte« Badestrände, bebaute und versiegelte Flächen in großem Maßstab im unmittelbar angrenzenden Hinterland, Zerstörung ökologisch wertvoller Garigue-Formationen. Letztere müssen auch in den klimatisch günstigeren Tieflagen immer mehr den sich immens ausweitenden Obst- und Gemüse- oder auch Zierpflanzenkulturen weichen. Diese werden vielfach unter ausgedehnten Folien gehalten, künstlich bewässert, gedüngt und mit Herbiziden oder Insektiziden behandelt. Endemische Arten mit eng begrenzten Verbreitungsgebieten sind dabei oft als erste von Auslöschung bedroht. Gefährdet sind aber auch Arten, deren Areale durch anthropogene Einflüsse so stark zerstückelt werden, dass der Genaustausch zwischen den Teilpopulationen eingeschränkt oder unterbrochen ist. Fehlende genetische Variabilität bedeutet aber stets höhere Störanfälligkeit und geringere Anpassungsfähigkeit der jeweiligen Populationen.

Beunruhigend ist, dass ökologische Aspekte oft ökonomischen Entscheidungen untergeordnet werden und die Naturschutzproblematik in vielen Regionen eher nachrangig gesehen wird. Dringlich erscheint, das Bewusstsein dafür zu entwickeln und zu sensibilisieren, dass mit jeder erloschenen Population, mit jeder ausgestorbenen Art genetische Ressourcen unwiederbringlich verloren sind, dass Artenvielfalt letztlich ein Stück Lebensqualität bedeutet.

Auch vom Menschen eingeführte Pflanzenarten können zum Problem werden, wenn sie sich aufgrund besonderer Angepasstheit an die jeweiligen ökologischen Bedingungen oder durch effektive Fortpflanzung aggressiv ausbreiten und die autochthone (= urwüchsige) Flora verdrängen. Exemplarisch sei hier auf die Einbürgerung der Feigenkakteen *(Opuntia)* verwiesen, die sich in vielen Gegenden des Mittelmeerraumes so stark ausgebreitet haben, dass sie nicht nur inzwischen das Landschaftsbild prägen, sondern vielerorts zu einer Bedrohung der ursprünglichen Flora geworden sind.

Bau der Pflanze

1. Blütenstände (Infloreszenzen)

Racemöse Blütenstände
Blütenstände mit durchgehend entwickelter Hauptachse, die das Wachstum fortsetzt und seitlich eine Vielzahl von Blüten entwickelt (monopodiale Verzweigung)

Traube
an der gestreckten Hauptachse sitzen gestielte Blüten

Rispe
zusammengesetzte Traube; die Nebenachsen bilden ebenfalls Trauben

Ähre
an der gestreckten Hauptachse sitzen ungestielte Blüten

Kolben
gestreckte, verdickte (z. T. auch fleischige) Hauptachse mit ungestielten Blüten

Dolde
Hauptachse verkürzt, Einzelblüten ungefähr gleich lang gestielt, etwa von einem Punkt ausgehend (1)
Zusammengesetzte Dolde: an Stelle der Einzelblüten kleine Döldchen (2)

(2) **(1)**

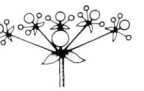

Köpfchen
Hauptachse verkürzt mit ± sitzenden Einzelblüten

Cymöse Blütenstände
Übergeordnete Achse schließt nach jeder Verzweigung mit einer Blüte ab und wird von untergeordneten Seitenachsen, die ihrerseits wieder mit Blüten abschließen, übergipfelt

Pleiochasium
Hauptachse schließt mit Blüte ab; mehrere, fast quirlig angeordnete Seitenzweige setzen Wachstum fort

Dichasium
Hauptachse stellt Wachstum mit Blütenbildung ein; 2 (meist) gegenständige Seitenzweige setzen das Wachstum fort

Monochasium
Hauptachse schließt mit Blüte ab, nur 1 Seitenzweig setzt Wachstum fort

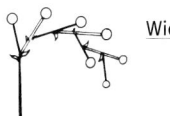

Wickel
Monochasium, bei dem die aufeinander folgenden »Sprossgenerationen« in verschiedenen Ebenen liegen und abwechselnd nur der linke oder rechte Seitenzweig (vgl. Dichasium!) zur Ausbildung gelangt

2. Aufbau der Blüte

a) *Längsschnitt durch eine radiärsymmetrische Blüte*

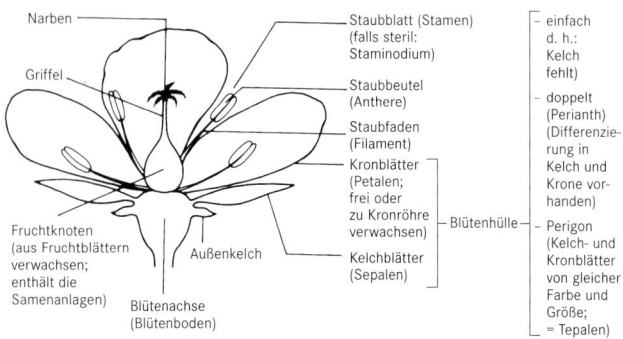

Narben

Griffel

Staubblatt (Stamen)
(falls steril:
Staminodium)

Staubbeutel
(Anthere)

Staubfaden
(Filament)

Kronblätter
(Petalen;
frei oder
zu Kronröhre
verwachsen)

Fruchtknoten
(aus Fruchtblättern
verwachsen;
enthält die
Samenanlagen)

Außenkelch

Kelchblätter
(Sepalen)

Blütenachse
(Blütenboden)

Blütenhülle

– einfach
d. h.:
Kelch
fehlt)

– doppelt
(Perianth)
(Differenzie-
rung in
Kelch und
Krone vor-
handen)

– Perigon
(Kelch- und
Kronblätter
von gleicher
Farbe und
Größe;
= Tepalen)

b) *Weitere Blütentypen*

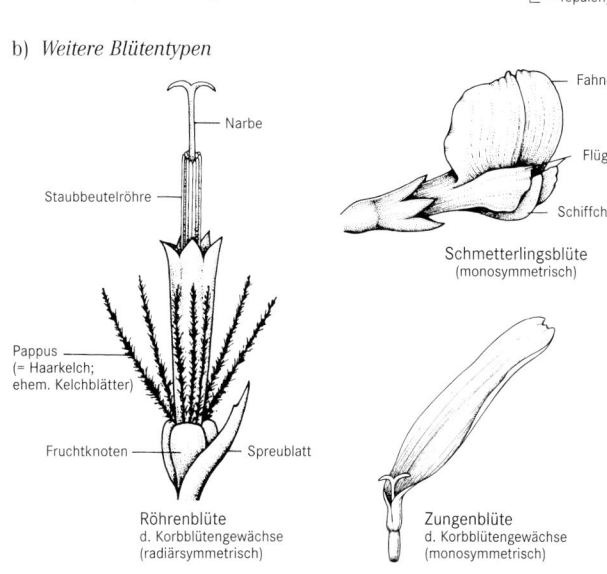

Narbe

Staubbeutelröhre

Pappus
(= Haarkelch;
ehem. Kelchblätter)

Fruchtknoten

Spreublatt

Röhrenblüte
d. Korbblütengewächse
(radiärsymmetrisch)

Fahne

Flügel

Schiffchen

Schmetterlingsblüte
(monosymmetrisch)

Zungenblüte
d. Korbblütengewächse
(monosymmetrisch)

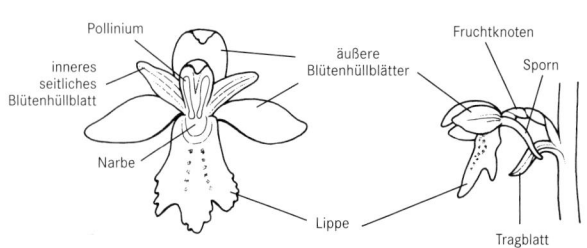

Pollinium

inneres
seitliches
Blütenhüllblatt

äußere
Blütenhüllblätter

Narbe

Lippe

Fruchtknoten

Sporn

Tragblatt

Orchideenblüte

3. Aufbau des Blattes

a) *Grundbegriffe*

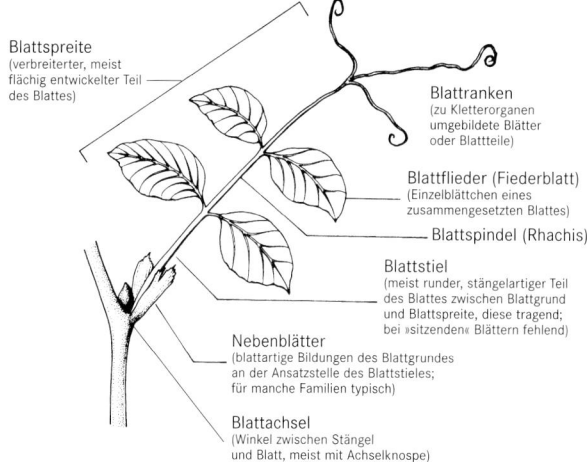

Blattspreite
(verbreiterter, meist flächig entwickelter Teil des Blattes)

Blattranken
(zu Kletterorganen umgebildete Blätter oder Blatteile)

Blattflieder (Fiederblatt)
(Einzelblättchen eines zusammengesetzten Blattes)

Blattspindel (Rhachis)

Blattstiel
(meist runder, stängelartiger Teil des Blattes zwischen Blattgrund und Blattspreite, diese tragend; bei »sitzenden« Blättern fehlend)

Nebenblätter
(blattartige Bildungen des Blattgrundes an der Ansatzstelle des Blattstieles; für manche Familien typisch)

Blattachsel
(Winkel zwischen Stängel und Blatt, meist mit Achselknospe)

b) *Gestalt einfacher Blätter*

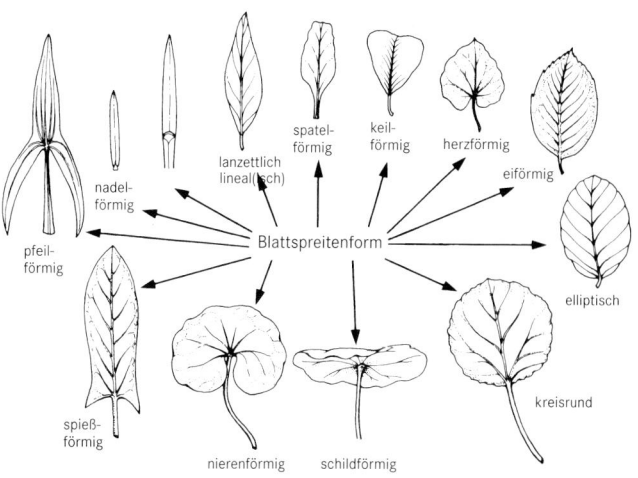

spatel-förmig

keil-förmig

herzförmig

lanzettlich lineal(isch)

eiförmig

nadel-förmig

Blattspreitenform

elliptisch

pfeil-förmig

spieß-förmig

nierenförmig

schildförmig

kreisrund

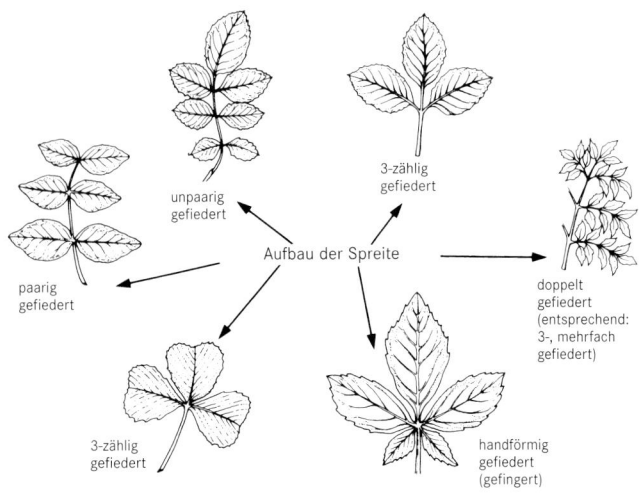

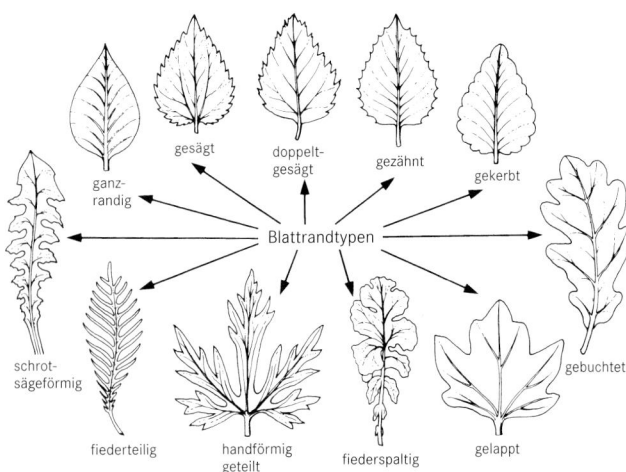

Das Bestimmen mit diesem Buch

Die Hauptgruppen

Die Konzeption des vorliegenden Pflanzenbuches versucht, das Augenmerk des interessierten Laien auf eine begrenzte Anzahl wesentlicher Bestimmungsmerkmale zu richten, um quasi »auf einen Blick« die häufigsten und wichtigsten Pflanzenarten richtig benennen zu können. Die zu Grunde liegende Strategie ist denkbar einfach und ohne besondere Vorkenntnisse zu realisieren.

Zunächst wird eine **Grobgliederung** durch eine kombinierte Farb-/Blütentypus-Unterteilung vorgenommen. Die Farbbereiche »Weiß«, »Gelb«, (s. aber auch unten), »Rosa/Rot«, »Lila/Violett/Blau« und »Grün/Braun« werden mit folgenden »Blütengrundtypen« kombiniert:

 »radiärsymmetrisch« (mehr als eine Symmetrieebene)

 »monosymmetrisch« (= zygomorph, 1 Symmetrieebene)

 »Scheinblumen«

Unter »Scheinblumen« wurden Pflanzen mit Blütenköpf(ch)en oder Dolden subsummiert, also beispielsweise Korbblütengewächse *(Asteraceae)*, oder Doldenblütengewächse *(Apiaceae)*. Es ist bekannt, dass es z.B. bei Doldenrispen Grenzfälle gibt, die eine eindeutige Zuordnung erschweren, in der Regel sind dann aber die Einzelblüten so gut erkennbar, dass die Zuordnung zu einer entsprechend anderen Gruppe unschwer ersichtlich wird.

Da die Subgruppen »weiß und radiärsymmetrisch« und »gelb und radiärsymmetrisch« noch vergleichsweise viele Arten enthalten, wird hier nochmals nach der Anzahl der Blütenorgane unterteilt:

 Blüten mit 4 Blütenblättern   Blüten mit mehr als 4 Blütenblättern

Diese Einteilung ist leicht nachvollziehbar und fördert die Übersichtlichkeit insofern, als die Anzahl der Gruppen noch überschaubar bleibt, zum Anderen die Artenzahl pro Gruppe nicht überdimensioniert ist.

Der Farbbereich »Rosa/Rot« wurde bewusst weit gefasst: auch Pflanzenarten, die Blütenfarben zwischen Weiß und Rot aufweisen, wurden in dieser Farbgruppe berücksichtigt. Eine vergleichbare Situation ergibt sich für den Farbbereich »Lila/Violett/Blau« dem ebenfalls die entsprechenden Übergangsfarben zugeordnet werden.

Die letzte Gruppe umfasst Pflanzen mit braunen, grünen oder entsprechend gefärbten unscheinbaren Blüten. Hier wurden – da für den Laien oft zu komplex – keine weiteren Unterteilungen vorgenommen. Da in diesem Buch weder Gräser noch Sauergräser berücksichtigt werden, bleibt die Artenzahl dieser Gruppe noch überschaubar.

Somit ergeben sich als Grobgliederung folgende »**Hauptgruppen**«:
    Blütenfarbe weiß, radiärsymmetrisch, 4 Blütenblätter
    Blütenfarbe weiß, radiärsymmetrisch, mehr als 4 Blütenblätter
    Blütenfarbe weiß, monosymmetrisch
    Blütenfarbe weiß, Scheinblumen
    Blütenfarbe gelb, radiärsymmetrisch, 4 Blütenblätter
    Blütenfarbe gelb, radiärsymmetrisch, mehr als 4 Blütenblätter
    Blütenfarbe gelb, monosymmetrisch
    Blütenfarbe gelb, Scheinblumen
    Blütenfarbe rosa/rot, radiärsymmetrisch
    Blütenfarbe rosa/rot, monosymmetrisch
    Blütenfarbe rosa/rot, Scheinblumen
    Blütenfarbe lila/violett/blau, radiärsymmetrisch
    Blütenfarbe lila/violett/blau, monosymmetrisch
    Blütenfarbe lila/violett/blau, Scheinblumen
    Blütenfarbe grün/braun

Für Hobby-Botaniker, die schon geübter und etwas weiter fortgeschritten sind, sei angemerkt, dass innerhalb der Hauptgruppen die behandelten Arten nach systematischen Gesichtspunkten angeordnet sind.

Bestimmungshilfe 3er-Check

Nach erfolgter Grobzuordnung der zu bestimmenden Pflanze wird nun innerhalb der Hauptgruppen durch eine Kombination aus Fotos, gelegentlich auch Grafiken, und kurzem Begleittext ein so genannter »**3er-Check**« angeboten:

    Jede Pflanzenart kann durch eine einmalige Kombination von maximal 3 Merkmalen von jeder anderen Art innerhalb der entsprechenden Gruppe unterschieden werden.

Die 3 für die jeweils dargestellte Art charakteristischen Merkmale werden an exponierter Stelle durch Abbildung und Kurztext hervorgehoben. Das Auge des Benutzers soll gezielt auf ganz bestimmte, typische Merkmale und Besonderheiten der Pflanze gelenkt werden, um quasi aus der Fülle der vorhandenen Merkmale die wesentlichen herauszufiltern. Das können der typische Aufbau einer Einzelblüte, artspezifische Details im Blütenbau, die Furchung oder Behaarung des Stängels, die Blattunterteilung, charakteristische Früchte oder andere wichtige Gestaltmerkmale sein. Bei manchen Arten gehören auch Geruch, Standort und/oder Blütezeit ganz spezifisch zu einer arttypischen Merkmalskombination. Wohlgemerkt, nicht das einzelne dargestellte Merkmal, sondern die Kombination, die Gesamtheit der Merkmale, die durch Grobgliederung und 3 er-Check erfasst werden, soll eine relativ genaue und schnelle Zuordnung der zu bestimmenden Pflanzenart ermöglichen. Bei wenigen Arten, die unverkennbar oder bei denen Verwechslungsmöglichkeiten ausgeschlossen sind, wurde der 3er-Check sogar auf einen 2er-Check reduziert.

Gewisse Einschränkungen wird es allenfalls dann geben, wenn sehr nahe verwandte und in fast allen wesentlichen Merkmalen sehr ähnliche Arten unterschieden werden müssen oder wenn artspezifische Unterscheidungsmerkmale mit den hier genutzten Darstellungsformen nicht verdeutlicht werden können. In der Regel ist dann eine höhere Komplexitätsebene erreicht und für eine exakte Bestimmung muss dann zwangsläufig auf spezielle Bestimmungsliteratur zurückgegriffen werden. Dennoch dürfte es auch für den interessierten Laien ein Erfolgserlebnis sein, mit Hilfe der angebotenen Merkmalskombination in der überwiegenden Zahl der Fälle nahezu mühelos zum Ziel – »Bestimmung der Blütenpflanzenart« – oder zumindest in dessen unmittelbare Nähe zu gelangen.

Ergänzende Angaben im Text

Bei allen Arten ist der dem 3er-Check folgende Text in gleicher Weise in Stichwörter gegliedert, sodass man sich nicht nur schnell zurechtfinden kann, sondern auch unmittelbare Vergleiche mit anderen Arten erleichtert werden.

Die Texte informieren anhand einer Artdiagnose über die ganze Merkmalspalette einschließlich der Familienzugehörigkeit (deutscher und wissenschaftlicher Familienname), über Standort(ansprüche) und Verbreitungsgebiet (Areal), sowie über Besonderheiten der jeweiligen Art, die unter der Rubrik »Biologie« subsummiert sind. Dazu gehören interessante ökologische Informationen (z. B. Zeigerpflanzen, Anpassungstypen und -strategien, Symbiosepartner etc.), blütenökologische Daten (z. B. Angaben über potenzielle Bestäuber) und Fruchtverbreitungsmechanismen. Die Texte weisen aber auch auf Verwendungsmöglichkeiten für Ernährungs-, für pharmazeutische oder medizinische Zwecke (Heilpflanzen) hin und informieren über nah verwandte, ähnliche Arten.

Die **Monatsleiste** unten auf jeder Seite vermittelt durch die rote Farbmarkierung die Blütezeit. Farbig gekennzeichnet sind die Monate, in denen blühende Exemplare vorgefunden werden können.

Dorniger Kapernstrauch *Capparis spinosa*

1 Niederliegender oder überhängender Strauch

2 Blüten 5–7 cm groß, Staubfäden violett, Fruchtknoten lang gestielt

3 Blätter eiförmig-rundlich, fleischig, mit 2 dornigen Nebenblättern

3er-Check

Merkmale: 50-150 cm. Stark verzweigter, dorniger Strauch mit überhängenden oder in Bodennähe bogig wachsenden Ästen. Blätter wechselständig, kurz gestielt, elliptisch-eiförmig bis fast kreisrund, 1–5 cm lang, etwas fleischig, ganzrandig. Blüten einzeln in den Blattachseln, lang gestielt, 5–7 cm; Kelchblätter 4, stumpf-eiförmig; Kronblätter 4, fast gleich groß. Zahlreiche spreizende Staubblätter, Fruchtknoten lang gestielt. Beerenfrucht grün, bis 5 cm lang, an bis 5 cm langem Karpophor (»stielartiger Fruchtträger«); Fruchtfleisch rosafarben. Kaperngewächse, Capparidaceae.

Vorkommen: Felsen, Mauern, felsige Hänge vorwiegend der Küstenregion. Fast im gesamten Mittelmeerraum, in Südwestasien und in den Atlasländern darüber hinaus weiter verbreitet.

Biologie: Die in Essig oder Salzlake eingelegten Blütenknospen werden als Kapern zum Würzen verwendet. Der charakteristische scharfe Geschmack ist durch Senföl-Glykoside bedingt, die von dem Enzym Myrosinase vor allem bei Verletzung der Zellen gespalten werden. In der Natur stellen diese Senföl-Glykoside ein wirksames Abwehrmittel gegen Tierfraß dar, das nur wenige spezialisierte Pflanzenfresser unschädlich machen können.

Lobularia maritima **Strandkresse**

1

3er-Check

1 Blüten in verlängerten Trauben, nach Honig duftend

2 Blätter schmal-lanzettlich, 2–3 mm breit, graugrün

3 Schötchenfrucht eiförmig, spitz, mit bleibendem Griffel

Merkmale: 10–40 cm. Mehrjährige, niederliegende oder aufrecht wachsende, von Grund an verzweigte Pflanze. Blätter linealisch-lanzettlich, schmal, bis 3 mm breit, spitz oder stumpf, durch anliegende Haare etwas graugrün. Kreuzblüten in dichten, tragblattlosen, nach der Blütezeit verlängerten Trauben; nach Honig duftend. Kelchblätter abstehend; Kronblätter 4, weiß oder schwach rosa bis lila. Elliptisch-spitze Schötchenfrucht mit bleibendem Griffel, bis 3,5 mm lang. Kreuzblütengewächse, Brassicaceae.

Vorkommen: Sand- und Felsküsten; Wegränder, Felder, auch Mauern; im gesamten Mittelmeergebiet, auf den Kanarischen Inseln; in Mitteleuropa angepflanzt und verwildert.

Biologie: Die Kreuzblütengewächse gehören zu den bedeutenden Pflanzenfamilien des Mittelmeerraumes: mehr als 100 Gattungen mit vorwiegend krautigen Vertretern kommen hier vor. Typisch sind traubige Blütenstände und die Vierzähligkeit von Kelch und Blütenkrone.

J	F	M	A	M	J	J	A	S	O	N	D

Herbst-Seidelbast *Daphne gnidium*

1 Immergrüner, aufrechter Strauch, oben dicht beblättert

2 Blätter linealisch-lanzettlich, spitz zulaufend, blaugrün

3 Blüten an den Zweigenden, 4 mm lang, Achsenbecher behaart

3er-Check

Merkmale: 50–180 cm. Immergrüner, verzweigter, aufrechter Strauch mit relativ dünnen, im oberen Teil regelmäßig und dicht beblätterten Zweigen. Blätter wechselständig, linealisch oder schmal-lanzettlich, spitz, bis 5 cm lang und bis 8 mm breit, etwas lederig, kahl, blaugrün, unterseits durch weißliche Drüsen etwas heller. Blüten zu vielen endständig, gelblichweiß bis cremefarben, mit röhrenförmigem Achsenbecher und gefärbtem Kelch; Kronblätter fehlend. Früchte eiförmig, 7–8 mm lang, orangefarben bis rot, später schwärzlich. Seidelbastgewächse, Thymelaeaceae.

Vorkommen: In Garigues und Macchien, auch in lichten Wäldern und strauchigen Felsgesellschaften. Verbreitung im mittleren und westlichen Mittelmeergebiet, in Nordwestafrika und auf den Kanarischen Inseln.

Biologie: Wie alle Seidelbast-Arten ist auch der Herbst-Seidelbast stark giftig. Die Art wurde bereits im Altertum im Mittelmeerraum als Arzneipflanze genutzt.

J	F	M	A	M	J	J	A	S	O	N	D

Erica arborea **Baumheide**

3er-Check

1 Blüten zahlreich, glockig, bis 4 mm; Griffel weit herausragend

2 Immergrüner Strauch oder kleiner Baum; Zweige jung weiß behaart

3 Blätter nadelartig, meist in Quirlen zu 4; Rand nach unten umgerollt

Merkmale: Bis 4(7) m. Immergrüner, buschig verzweigter Strauch oder kleiner Baum mit aufrechten, in jungem Zustand weiß behaarten, später rotbraun berindeten Zweigen. Blätter nadelartig, zu 3–4 quirlständig, bis 5 mm lang und 0,5 mm breit; Blattrand nach unten umgerollt, fein gezähnelt. Bütenstände endständig, mit zahlreichen Blüten; unterhalb der Mitte der Blütenstiele 2–3 Blättchen. Krone weiß, glockig, 4-zipfelig, 2,5–4 mm lang; Staubblätter 8, Staubbeutel dunkel braunrot, basal mit Anhängseln, in der Krone eingeschlossen; Griffel weit herausragend. Vielsamige Kapselfrucht. Heidekrautgewächse, Ericaceae.

Vorkommen: Macchien, auf sauren Böden in niederschlagsreichen Lagen der Montanstufe; auch in immergrünen Eichenwäldern. Im gesamten Mittelmeergebiet, auf den Kanarischen Inseln sowie in Teilen Afrikas verbreitet.

Biologie: Das Vorkommen auf Silikatböden führt zu einem hohen Gehalt an Kieselsäure; dies wiederum bedingt die schwere Brennbarkeit des Holzes. Das rotbraune, feine Maserholz des Wurzelstocks wird daher seit langem als sehr wertvolles Bruyère-Holz (frz. »bruyère« = Heide) zur Herstellung von Tabakspfeifen genutzt.

J **F** **M** **A** **M** **J** **J** A S O N D

Kristall- Mittagsblume

Mesembryanthemum crystallinum

1 Pflanze niederliegend, reich verzweigt, oft rötlich überlaufen

2 Blätter fleischig, dicht mit glasigen Papillen besetzt

3 Blüten end- oder blattachselständig; Kronblätter zahlreich, fädig

3er-Check

Merkmale: Bis 70 cm weit kriechend. Niederliegende, reich verzweigte, oft rötlich überlaufene Pflanze, die mattenartige Bestände bildet. Blätter gegenständig, obere wechselständig; fleischig, blaugrün, dicht mit glasigen Papillen besetzt, die wie Kristalle aussehen, eiförmig-dreieckig bis spatelförmig, bis 12 cm lang. Blüten einzeln end- oder zu 3–5 blattachselständig, bis 3 cm im Durchmesser; Kelchblätter 5, kürzer als die zahlreichen schmalen, fast fädigen weißen oder blassrosa gefärbten Kronblätter; Staubblätter zahlreich. 5-fächerige Kapselfrucht. Eiskrautgewächse, Aizoaceae.

Vorkommen: Sandstrände, Felsküsten und Salzsümpfe. Mittelmeergebiet, Kanarische Inseln und südliches Afrika.

Biologie: Das Phänomen der Blattsukkulenz wird an den fleischigen Blättern mit ihren glasigen Papillen deutlich, die Wasserspeicher darstellen. Die stark salzhaltigen Standorte bewirken eine »physiologische Trockenheit«, der die Pflanze durch vermehrte Wasserspeicherung entgegenwirkt. Dies ist ein häufig zu beobachtender Mechanismus der Regulierung des Salzgehaltes bei Halophyten. Früher wurde die Pflanze als Salat verwendet, die essbaren Früchte werden meist roh verzehrt.

J	F	M	A	M	J	J	A	S	O	N	D

Cistus ladanifer **Lack-Zistrose**

3er-Check

1 Stark drüsig-klebriger Strauch mit harzig-aromatischem Geruch

2 Blätter linealisch-lanzettlich, oberseits dunkelgrün, glänzend

3 Blüten 7–10 cm; Kronblätter, am Grund dunkelpurpurn gefleckt

Merkmale: Bis 2,5 m. Stark drüsig-klebriger, sparrig verzweigter Strauch mit harzig-aromatischem Geruch. Blätter gegenständig, nahezu sitzend, linealisch-lanzettlich, bis 10 cm lang und bis 2,5 cm breit; oberseits dunkelgrün, glänzend, kahl, unterseits dicht weißfilzig behaart. Blüten einzeln, 7–10 cm im Durchmesser. Kelchblätter 3, am Rand bewimpert, drüsig-klebrig; Kronblätter 5, weiß, am Grund oft gelb und dunkelpurpurn gefleckt. Kapselfrucht 6–10-fächerig, kugelförmig. Zistrosengewächse, Cistaceae.

Vorkommen: Lichte, trockene Wälder, Macchien; stets auf sauren, nie auf Kalkböden. Im westlichen Mittelmeerraum (Iberische Halbinsel, Frankreich, Nordwestafrika) verbreitet; auf den Kanarischen Inseln (Gran Canaria) eingeschleppt.

Biologie: Der wissenschaftliche Artname weist darauf hin, dass auch die Lack-Zistrose die harzige Substanz Ladanum (vgl. S. 31) produziert, die bei anderen Zistrosen-Arten wirtschaftlich bedeutsam ist.

J	F	M	A	M	J	J	A	S	O	N	D

29

Montpellier-Zistrose *Cistus monspeliensis*

3er-Check

1 Immergrüner Strauch, aromatisch duftend; mit klebrigen Drüsen

2 Blätter lanzettlich, 3-nervig; oberseits runzelig, dunkelgrün

3 Blüten zu 2–8, bis 3 cm Durchmesser; Kronblätter leicht ausgerandet

Merkmale: 30–100 cm. Immergrüner, reich verzweigter, stark aromatisch duftender, drüsig-klebriger Strauch. Blätter gekreuzt-gegenständig, sitzend, schmal-lanzettlich, bis 8 cm lang; 3-nervig; oberseits runzelig, netzartig gefeldert, dunkelgrün, unterseits heller, durch Sternhaare weißfilzig. Blüten zu 2–8, endständig, einseitswendig, bis 3 cm im Durchmesser; Kelchblätter 5, rot geadert, äußere etwas vergrößert; Kronblätter weiß, an der Basis gelblich, leicht ausgerandet; zahlreiche gelbe Staubblätter. Kapselfrucht. Zistrosengewächse, Cistaceae.

Vorkommen: Macchien und Garigues auf sauren Böden. Verbreitungsschwerpunkt im westlichen Mittelmeergebiet; Kanarische Inseln, Nordwestafrika.

Biologie: Das immergrüne Erscheinungsbild resultiert hier daraus, dass sofort nach dem Blattfall die nächste Blattgeneration erscheint. Insofern liegt hier genau genommen ein Grenzfall zwischen immer- und sommergrüner Form vor.

| J | F | M | A | M | J | J | A | S | O | N | D |

Cistus salviifolius **Salbeiblättrige Zistrose**

1 Meist immergrüner Strauch, durch Sternhaare graugrün

2 Blätter eiförmig bis elliptisch, runzelig, beiderseits behaart

3 Blüten 3–5 cm groß; äußere Kelchblätter am Grund herzförmig

3er-Check

Merkmale: 30–100 cm. Meist immergrüner, buschig wachsender, aromatisch duftender, nicht drüsig-klebriger Strauch, durch Sternhaare graugrün. Blätter gegenständig, gestielt, eiförmig bis elliptisch, bis 4 cm lang und bis 2 cm breit, oberseits runzelig, beiderseits behaart. Blüten einzeln oder zu 2–4 büschelig in der Achsel eines Tragblattes, lang gestielt; Kelchblätter 5, die beiden äußeren am Grund herzförmig. Kronblätter 5, weiß mit gelbem Grund. Kapsel behaart. Zistrosengewächse, Cistaceae.

Vorkommen: Garigues, Macchien, trockene, felsige Hänge auf nährstoffarmen Böden. Im gesamten Mittelmeergebiet, in Nordafrika und in Teilen Südwestasiens verbreitet.

Biologie: Auf manchen griechischen Inseln wurde aus den jungen Blättern ein bedeutsames Öl gewonnen: Dazu trieb man Ziegen durch die *Cistus*-Bestände. Am Ziegenfell blieb das klebrige Sekret hängen. Die abgeschnittenen Haare wurden in siedendes Wasser gebracht und damit konnte – im abgekühlten Zustand – eine dunkle, wohlriechende, harzartige Substanz abgetrennt werden, das so genannte Ladanum. Diese Substanz wurde zur Herstellung von Parfums, Seifen, Cremes und anderer Kosmetika verwendet.

J	F	M	A	M	J	J	A	S	O	N	D

Myrte *Myrtus communis*

3er-Check

1 Blüten einzeln in den Blattachseln, bis 3 cm; zahlreiche Staubblätter

2 Blätter eiförmig-lanzettlich, spitz, glänzend, drüsig punktiert

3 Kugelige, knapp 1 cm große, blauschwarze Beerenfrucht

Merkmale: Bis 5 m. Immergrüner, aromatisch duftender, buschiger Strauch oder auch kleiner Baum mit hellbraunen Zweigen. Blätter gegenständig, kurz gestielt, eiförmig-lanzettlich, spitz, bis 5 cm lang, ganzrandig; oberseits dunkler grün, glänzend, unterseits heller, drüsig durchscheinend punktiert. Blüten einzeln in den Blattachseln, gestielt, bis 3 cm breit, 5-zählig, weiß. Kelchblätter 3-eckig; Kronblätter verkehrt-eiförmig bis fast kreisförmig; Staubblätter zahlreich, mit gelben Staubbeuteln. Aus dem unterständigen Fruchtknoten entwickelt sich eine kugelige, knapp 1 cm große, blauschwarze Beerenfrucht. Myrtengewächse, Myrtaceae.

Vorkommen: Macchien, lichte Gebüsche auf etwas feuchteren, steinigen, kalkfreien Böden. Fast im gesamten Mittelmeergebiet; Teneriffa (angepflanzt und verwildert); östlich bis Zentralasien.

Biologie: Die Myrte spielte bereits in der griechischen Mythologie eine bedeutende Rolle. Myrtenzweige galten als Symbol der über den Tod hinausgehenden Liebe; daraus resultiert die Verwendung der Pflanze für Brautkränze. Der aromatische Duft ist auf einen hohen Gehalt an ätherischen Ölen zurückzuführen, die als Arzneimittel (Erkrankungen der Atemwege) und Gewürz genutzt werden.

J	F	M	A	M	J	J	A	S	O	N	D

Arbutus unedo # Westlicher Erdbeerbaum

1

2

3

1	Immergrüner Strauch mit erdbeerähnlichen Früchten
2	Blätter wechselständig, elliptisch, derb, glänzend, am Rand gesägt
3	Blüten zu 10–30 in hängenden Rispen; Krone glockig-krugförmig

3er-Check

Merkmale: Bis 5 m. Immergrüner Strauch oder kleiner Baum mit mattbrauner, rissiger Rinde und drüsig behaarten jungen Zweigen. Blätter wechselständig, bis 1 cm lang gestielt, elliptisch, derb, oberseits dunkelgrün, glänzend, am Rand fein gesägt, bis 11 cm lang und bis 4 cm breit. Blüten zu 10–30 in endständigen, hängenden Rispen; Kelchblätter 5, schuppig, 3-eckig; Krone glockig-krugförmig verwachsen, mit 5 zurückgekrümmten Zipfeln, weiß, manchmal rosa oder grünlich überlaufen, 9 mm groß. Orangefarbene bis rote, dichtwarzige erdbeerähnliche Früchte, bis etwa 2 cm groß. Heidekrautgewächse, Ericaceae.

Vorkommen: Macchien, immergrüne Wälder der regenreicheren montanen Stufe; auf feuchteren, kalkarmen Böden. Fast im ganzen Mittelmeergebiet, Verbreitungsschwerpunkt jedoch in den westlichen Regionen; entlang der Atlantikküste bis Irland.

Biologie: Die Art ist eine typische Hartlaubpflanze. Der lateinische Artname – »unedo« = eine esse ich – geht auf Plinius zurück. Die süß-säuerlichen Früchte sind essbar, aber fade im Geschmack. Aus ihnen werden Likör und Marmelade hergestellt.

J	F	M	A	M	J	J	A	S	O	N	D

Europäische Sonnenwende
Heliotropium europaeum

1 Pflanze graugrün, weichhaarig, Blütenstände einseitswendig

2 Blätter gestielt, elliptisch, mit deutlicher Aderung

3 Blütenkrone 2–5 mm, mit kurzer Röhre und 5-lappigem Saum

3er-Check

Merkmale: 5–50 cm. 1-jährige, weichhaarige Pflanze mit niederliegenden bis aufsteigenden oder aufrechten Trieben. Blätter wechselständig, bis 35 mm lang gestielt, eiförmig bis elliptisch, ganzrandig, mit deutlicher Aderung. Blüten in zuerst eingerollten, später verlängerten, einseitswendigen, blattlosen Blütenständen (»Wickeln«); Kelch 5-teilig, bis zur Fruchtreife verbleibend; Krone weiß, 2–5 mm lang, mit kurzer Röhre und 5-lappigem Saum, zwischen den Lappen befinden sich kleine Zähnchen. Frucht aus 4 runzeligen Teilfrüchten (Nüsschen). Raublattgewächse, Boraginaceae.

Vorkommen: Ruderalpflanze auf trockenem Kultur- oder Ödland, Schuttplätze, Wegränder. Im gesamten Mittelmeerraum, in Südosteuropa, Westasien und auf mehreren Kanarischen Inseln verbreitet.

Biologie: Die Gattung *Heliotropium* umfasst weltweit von den Tropen bis zu den gemäßigten Breiten etwa 250 Arten, von denen viele als Stammarten für Zier- und Gartenpflanzen verwendet und weiter gezüchtet wurden.

| J | F | M | A | M | J | J | A | S | O | N | D |

Datura stramonium # Gewöhnlicher Stechapfel

1 Blätter groß, buchtig gezähnt, lang gestielt

2 Blütenkrone trichterförmig, 5–10 cm lang, 5-zipfelig

3 Fruchtkapsel stachelig, eiförmig; mit 4 Klappen aufspringend

3er-Check

Merkmale: Bis 2 m. Große, 1-jährige, krautige Pflanze mit lang gestielten, buchtig gezähnten, keil- bis eiförmigen Blättern. Krone trichterförmig, 5–10 cm lang, Saum 5-zipfelig. Kelch ebenfalls röhrig, etwas aufgeblasen, 5-kantig. Fruchtkapsel stachelig, eiförmig, mit 4 Klappen aufspringend. Nachtschattengewächse, Solanaceae.

Vorkommen: Ruderalpflanze auf Ödland, Schuttplätzen, Wegrändern. Im gesamten Mittelmeerraum, auf den Azoren, Kanaren, Kapverden sowie auf Madeira. Die Art stammt vom amerikanischen Kontinent, tritt aber in warm-gemäßigten Breiten als Kosmopolit auf.

Biologie: Die Vertreter der Gattung *Datura* enthalten Tropan-Alkaloide. Die vorliegende Art ist stark giftig, dies gilt sogar für die Samen. Aus den Blättern des Stechapfels wird eine Rauschdroge hergestellt, die bereits bei Initiationsriten mancher Indianerstämme verwendet wurde. Eventuell wurde die halluzinogene Wirkung der Inhaltsstoffe von *Datura* auch von den Priestern von Delphi genutzt, um in Verzückung zu geraten.

| J | F | M | A | M | J | J | A | S | O | N | D |

Röhriger Affodill *Asphodelus fistulosus*

1 Blütenstand traubig, einfach oder verzweigt; Schaft hohl, blattlos

2 Blütenhüllblätter mit grünem oder braunrotem Mittelnerv, 10–12 mm

3 Blätter alle grundständig, halb stielrund; bis 4 mm breit

3er-Check

Merkmale: Bis 70 cm. Pflanze mit grundständiger Blattrosette. Blätter »binsenartig«, halb stielrund, hohl, bis 35 cm lang und 4 mm breit, an der Basis mit Hautrand. Blütenstand traubig-rispig verzweigt oder einfach traubig; Schaft hohl, blattlos, glatt. Tragblätter häutig, weißlich; Blüten sternförmig ausgebreitet, 6-zählig; Hüllblätter 10–12 mm lang, weiß (gelegentlich auch blassrosa), mit grünem oder braunrotem Mittelnerv. Fruchtkapsel eiförmig-kugelig, 5–7 mm. Affodillgewächse, Asphodelaceae.

Vorkommen: Trocken-sandiges Kultur- und Ödland, Wegränder; Garigues. Im gesamten Mittelmeerraum, auf den Kanaren, Kapverden und auf Madeira.

Biologie: Die Liliengewächse (Liliaceae), zu denen die Gattung *Affodill* früher gestellt wurde, werden seit einiger Zeit je nach Fruchttypus, Samenaufbau und Pflanzeninhaltsstoffen in mehrere eigenständige Familien unterteilt. Die Affodillgewächse sind durch Kapselfrüchte und – an Stelle von Zwiebeln – Rhizome mit Speicherwurzeln oder Wurzelknollen gekennzeichnet. Neben den heimischen Graslilienarten gehören die blattsukkulenten Gattungen *Aloe* und *Gasteria* zu dieser Familie.

J	F	M	A	M	J	J	A	S	O	N	D

Asphodelus aestivus **Kleinfrüchtiger Affodill**

1 Blütenstand reich verzweigt, 1–2 m hoch; Schaft massiv, blattlos

2 Blütenhüllblätter mit rosa oder bräunlichem Mittelnerv, 10–16 mm

3 Grundständige Blattrosette; Blätter bis 45 cm lang und 30 mm breit

3er-Check

Merkmale: 50–150(200) cm. Kräftige Staude mit spindelförmig verdickten Wurzeln und reich verzweigtem Blütenstand mit langen Seitenästen. Blätter in grundständiger Rosette, flach, etwas gekielt, bis 45 cm lang und 30 mm breit. Blütenschaft massiv, blattlos; Tragblätter trockenhäutig oder blassgrün, 10–15 mm lang. Blüten 6-zählig; Hüllblätter sternförmig ausgebreitet, mit rosafarbenem oder bräunlichem Mittelnerv, 10–16 mm lang. Fruchtkapsel eiförmig bis kugelig auf schräg abspreizenden Stielen. Affodillgewächse, Asphodelaceae.

Vorkommen: Garigues, trockene Grasbestände, mediterrane Felsheiden, sandig-steinige, frische Weideflächen; auch lichte Wälder. Im gesamten Mittelmeergebiet, auf vielen Kanarischen Inseln; im Osten bis zum Iran.

Biologie: Die Art gehört zu den Zeigerpflanzen für starke Beweidung; sie selbst wird von Schafen und Ziegen gemieden und kann daher dichte Bestände bilden. In Griechenland gilt der Affodill in manchen Regionen als Symbol des Weiterlebens nach dem Tode; deshalb werden die Blütenstände vielerorts als Grabschmuck verwendet.

J F **M A M J** J A S O N D

Narbonne-Milchstern *Ornithogalum narbonense*

1 Blütenstand zylindrisch-traubig, auf blattlosem Stängel

2 Blütenhüllblätter 6, 10–16 mm, außen mit grünem Streifen

3 Blätter zu 4–6 in grundständiger Rosette, 8–16 mm breit

3er-Check

Merkmale: 20–50(80) cm. Pflanze mit Zwiebel und zylindrisch-traubigem Blütenstand auf blattlosem Stängel. Blätter 4–6, in grundständiger Rosette, 8–16 mm breit, bis zum Ende der Blütezeit erhalten bleibend. Tragblätter so lang wie die Blütenstiele. Blütenhüllblätter 6, flach ausgebreitet, Innenseite milchig-weiß, Außenseite mit grünem Mittelnerv. Staubbeutel gelb; Fruchtknoten oberständig. Fruchtkapsel aufrecht, bis 4 cm lang gestielt. Hyazinthengewächse, Hyacinthaceae.

Vorkommen: Sowohl auf Kulturland (Äcker, Weiden) als auch auf Ruderalstandorten (Wegränder); Felsheiden. Im gesamten Mittelmeerraum verbreitet; östlich bis zum Iran; zudem auf einigen Kanarischen Inseln.

Biologie: Die Gattung Milchstern *(Ornithogalum)* wird seit einiger Zeit den Hyazinthengewächsen zugeordnet, die durch Zwiebeln als Speicherorgane, oberständige Fruchtknoten und das Fehlen von Steroidalkaloiden gekennzeichnet sind. Neben Hyazinthen und Traubenhyazinthen gehören Blaustern und Meerzwiebel (rechts) dieser Familie an.

| J | F | M | A | M | J | J | A | S | O | N | D |

Drimia maritima
Syn.: *Urginea maritima*

Meerzwiebel

3er-Check

1	Blüten in langer, dichter Traube; Herbstblüher
2	Blüten lang gestielt, sternförmig; Hüllblätter meist purpurn gestreift
3	Blätter lanzettlich, bis 1 m lang und 10 cm breit; Zwiebel groß

Merkmale: 50–150 cm. Pflanze mit bis 18 cm großer, weißhäutiger oder lilaroter, oft aus dem Boden ragender Zwiebel. Blätter schmallanzettlich, bis 1 m lang und bis 10 cm breit, ganzrandig, zur Blütezeit im Herbst bereits vertrocknet. Blütenschaft blattlos, mit mehr als 50-blütiger, langer, dichter Blütentraube. Blüten 6-zählig, sternförmig ausgebreitet, an 10–30 mm langen, aufrechten Blütenstielen; Hüllblätter weiß, mit purpurnem oder grünem Mittelnerv; Staubbeutel grünlich. Fruchtkapsel 3-kantig. Hyazinthengewächse, Hyacinthaceae.

Vorkommen: Meist in Küstennähe; Felsfluren, Weiden, Garigues, auch auf Sandböden. Im gesamten Mittelmeerraum, auf Teneriffa.

Biologie: Die giftige Meerzwiebel zählt mit ihren bis zu 2 kg schweren Zwiebeln zu den Geophyten. Aus der Zwiebel werden Herzglykoside gewonnen, die neben den Digitalis Glykosiden wichtige Arzneimittel zur Behandlung von Herzinsuffizienz darstellen. Die Pflanze enthält auch Chelidonsäure und inulinähnliche Fruktane.

| J | F | M | A | M | J | J | A | S | O | N | D |

Neapolitanischer Lauch *Allium neapolitanum*

1

2

3

1 Blütenstand eine (halb)kugelige Dolde mit 3-kantigem Schaft

2 Blüten becherförmig, lang gestielt, glänzend; Hüllblätter weiß, stumpf

3 Blätter 2–3, breit-linealisch, unterseits gekielt

3er-Check

Merkmale: 20–50 cm. Ausdauernde, kahle Zwiebelpflanze (Zwiebel 1–2 cm groß, fast kugelig). Blätter zu 2–3, breit-linealisch, bis 35 cm lang und bis 2 cm breit, unterseits gekielt, kahl, den unteren Teil des 3-kantigen Blütenschaftes scheidig umschließend. Blüten in halbkugeligen oder kugeligen Scheindolden, 1–3,5 cm lang gestielt, becher- bis sternförmig; Kronblätter weiß, 7–12 mm lang, bis 6 mm breit, elliptisch, stumpf; Staubblätter kürzer. Kapselfrucht. Alliaceae, Lauchgewächse.

Vorkommen: Macchien, Wälder, Gebüsche, Kulturland; schattige Standorte werden bevorzugt. Fast im gesamten Mittelmeerraum sowie auf Teneriffa und Madeira vorkommend.

Biologie: Die Arten der Gattung *Allium* enthalten Derivate der Aminosäure Cystein (z. B. das Alliin), aus denen durch ein spezifisches Enzym antibiotisch wirksame Verbindungen gebildet werden können. Für den charakteristischen Lauchgeruch sind schwefelhaltige Lauchöle verantwortlich.

J	F	M	A	M	J	J	A	S	O	N	D

Ruscus aculeatus **Stechender Mäusedorn**

1 Immergrüner Strauch mit blattähnlichen derben Flachsprossen

2 Blüten unscheinbar, auf der Oberseite dieser Flachsprosse

3 Glänzend rote Beerenfrucht auf den Flachsprossen

3er-Check

Merkmale: Bis 1 m. Immergrüner, verzweigter (Halb-)Strauch mit aufrechten Trieben und blattähnlichen, breit-eiförmigen Flachsprossen (Phyllokladien) mit stechender Spitze in den Achseln schuppenförmiger Blättchen. Blüten grünlichweiß, unscheinbar, 6-zählig (3 größere und 3 kleinere Blütenhüllblätter), jeweils in der Achsel eines kleinen Tragblattes auf der Oberseite dieser Flachsprosse. Männliche Blüten mit 6 Staubblättern, weibliche mit oberständigem Fruchtknoten. Frucht: glänzend rote Beere auf den Flachsprossen, 10–15 mm groß. Spargelgewächse, Asparagaceae.

Vorkommen: Unterwuchs in Macchien, Gebüschen, immergrünen und sommergrünen Wäldern. Die Gattung *Ruscus* zählt zu den Leitformen der makaronesisch-mediterranen Florenregion. Im gesamten Mediterrangebiet, auf Lanzarote und den Azoren.

Biologie: Der Mäusedorn wurde und wird vielfältig genutzt: als Arzneipflanze bei venösen Durchblutungsstörungen (Erdspross), als Gemüsepflanze (junge Sprosse sind wie Spargel essbar), für Trockensträuße (Zweige/Phyllokladien), zum Kehren der Schornsteine in manchen Gebieten (Zweige), um Mäuse von Speisen fern zu halten (Zweige). Manchmal eine zweite Blühphase im Oktober.

J	F	M	A	M	J	J	A	S	O	N	D

Raue Stechwinde *Smilax aspera*

3er-Check

1 Immergrüne Kletterpflanze mit hakig-stacheligen Trieben

2 Blätter herz- bis spießförmig, lederig, mit hakigen Stacheln

3 Blüten 2-häusig, zu 5–30 büschelig, weißlich oder gelbgrün, 2–4 mm

Merkmale: Bis 15 m. Immergrüne, verholzte, niederliegende oder aufsteigende Kletterpflanze (Liane), oft mit zickzackförmigen, hakig-stacheligen Trieben. Blätter wechselständig, am Grund breit herz- bis spießförmig, bis 11 cm lang und bis 10 cm breit, netzaderig; am Rand sowie auf den Hauptnerven unterseits mit hakigen Stacheln. An der Basis des Blattstiels befinden sich 2 Ranken. Blüten 2-häusig verteilt, zierlich, in 5–30-blütigen Büscheln end- oder achselständig; duftend. Blütenhüllblätter 6, weißlich, auch gelblichgrün oder rosa, bis 4 mm lang. Männliche Blüten mit 6 Staubblättern, weibliche mit 1 Fruchtknoten. Beerenfrüchte rot, später schwarz. Stechwindengewächse, Smilacaceae.

Vorkommen: Macchien, Gebüsche, lichte Wälder, Waldränder, Hecken, Mauern, Felsbereiche; meist auf flachgründigen Böden. Die subtropische Liane kommt im gesamten Mittelmeerraum vor, außerdem auf den Kanarischen Inseln; östlich bis Indien.

Biologie: Die jungen Sprosse werden ähnlich wie Grünspargel mancherorts als Gemüse verzehrt. Die duftenden Blütenzweige wurden im Altertum zusammen mit Efeu bei Bacchusfesten als Schmuckgrün verwendet.

| J | F | M | A | M | J | J | A | S | O | N | D |

Narcissus tazetta **Tazette**

3er-Check

1 Blüten zu 2–15, Stiele ungleich lang; Schaft zusammengedrückt

2 Kronzipfel weiß, cremefarben oder gelb, Nebenkrone becherförmig

3 Blätter 3–6, blaugrün, grundständig, bis 15 mm breit, linealisch

Merkmale: 20–65 cm. Pflanze mit bis 5 cm langer und 3,5 cm breiter Zwiebel und kräftigem, 2-kantig zusammengedrücktem, blattlosem Blütenschaft. Blätter 3–6, grundständig, linealisch, bis 15 mm breit, flach oder rinnig, blaugrün. Blüten in Dolden zu 2–15 auf ungleich langen (bis 7,5 cm) Stielen in der Achsel eines häutigen Tragblattes; duftend. Kronröhre bis 20 mm lang; Kronzipfel 6, bis 22 mm lang, breit-eiförmig, weiß, cremefarben oder gelb; Nebenkrone becherförmig, bis 6 mm lang, gelb oder orange. Amaryllisgewächse, Amaryllidaceae.

Vorkommen: Wiesen, Weiden, Gebüsche; Kulturland. Oft angepflanzt und verwildert. Im gesamten Mittelmeerraum, auf einigen Kanarischen Inseln, östlich bis zum Kaukasus.

Biologie: Der wissenschaftliche Artname »tazetta« (italienisch: »Tässchen«) bezieht sich auf die Form der Nebenkrone. Nebenkronen sind unter den Amaryllisgewächsen für die Gattung *Narcissus* charakteristisch. Die Zwiebel enthält Stärke und Fruktane.

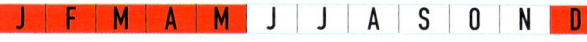

| J | F | M | A | M | J | J | A | S | O | N | D |

Trichternarzisse *Pancratium maritimum*

1 Im Spätsommer und Herbst an sandigen Meeresküsten blühend

2 Blüten trichterförmig, Röhre 6–8 cm, Nebenkrone 12-zähnig

3 Blätter riemenförmig, bis 60 cm lang und 1–2 cm breit

3er-Check

Merkmale: 20–60 cm. Pflanze mit 5–7 cm dicker, tief sitzender Zwiebel und kräftigem, zusammengedrücktem Blütenschaft. Blätter 5–6, grundständig, riemenförmig, bis 60(75) cm lang und 1–2 cm breit, etwas fleischig. Blüten zu 3–15, doldig am Ende des Blütenschaftes in der Achsel eines bis 7 cm langen Hochblattes; trichterförmig, weiß, duftend. Kronröhre dünn, 6–8 cm lang; Hüllblattabschnitte linealisch-lanzettlich, 3–5 cm lang; Nebenkrone 12-zähnig, von den Staubblättern überragt. Fruchtknoten unterständig. Kapselfrucht mit pechschwarzen Samen. Amaryllisgewächse, Amaryllidaceae.

Vorkommen: Sandstrände, Küstendünen. Im gesamten Mediterrangebiet verbreitet, auf Fuerteventura eventuell eingeschleppt.

Biologie: Die Samen sind schwimmfähig; die Verbreitung erfolgt somit auch mit Hilfe des Meerwassers.

| J | F | M | A | M | J | J | A | S | O | N | D |

Fumaria capreolata **Rankender Erdrauch**

1 Pflanze mit schlaffen, niederliegenden bis aufrechten Stängeln

2 Kronblätter an der Spitze dunkelrot, oberes mit Sporn

3 Blätter 2(–3)fach gefiedert mit eiförmigen Abschnitten

3er-Check

Merkmale: 25–100 cm. 1-jährige, kahle, bläulichgrüne Pflanze mit schlaffen, niederliegenden bis aufrechten, auch kletternden Stängeln. Blätter wechselständig, 2(–3)fach gefiedert, hell- oder bläulichgrün; Abschnitte länglich oder umgekehrt-eiförmig, an der Spitze gekerbt-gesägt. Blüten zu 15–30 in lockeren Trauben; Kelchblätter 2, 4–5 mm lang; Kronblätter 4, 10–14 mm lang, weiß (oder rosa), an der Spitze dunkelrot, das obere ist gespornt. Früchte kugelig, meist glatt, an gebogenen bis zurückgekrümmten Stielen. Erdrauchgewächse, Fumariaceae.

Vorkommen: Ruderalstandorte (Ödland, Schuttplätze), Kulturflächen, Mauern. Fast im gesamten Mittelmeerraum mit Schwerpunkt im Westen; Kanarische Inseln, Azoren; in Westeuropa bis Irland.

Biologie: Aufgrund des einen gespornten Blütenblattes entsteht eine besondere Symmetrie der Blüte, die als Transversal-Zygomorphie bezeichnet wird.

| J | F | M | A | M | J | J | A | S | O | N | D |

Rapunzel-Resede *Reseda phyteuma*

2 **1**

1 Blüten in Trauben, Kronblätter 4, zerschlitzt

2 Kapselfrucht, länglich-elliptisch, nickend-hängend

3 Blätter spatelig bis keilförmig, stumpf; Rand knorpelig

3er-Check

3

Merkmale: 10–50 cm. 1–2-jährige, basal verzweigte Pflanze. Blätter wechselständig, spatelig bis keilförmig, stumpf, einfach und ganzrandig, manchmal gewellt, bisweilen auch mit wenigen Lappen jederseits; 5–10 cm lang. Blüten in relativ kurzen, wenigblütigen Trauben; Kelchblätter 5, anfangs klein, spatelig, zur Fruchtzeit auffällig vergrößert, bis 13 mm lang; Kronblätter 4, weißlich, mit löffelartigem Grund und 2 tief zerschlitzten Seiten- sowie 1 kleinen, linealischen Mittellappen; Staubblätter etwa 20; Fruchtknoten oberständig, 3 Griffel. Kapselfrucht länglich-elliptisch, nickend-hängend. Resedengewächse, Resedaceae.

Vorkommen: Ruderalstandorte und Kulturflächen. Fast im gesamten Mittelmeerraum, Schwerpunkt etwas mehr in Richtung Osten verlagert.

Biologie: Die wenig Arten umfassende Familie der Resedengewächse kommt hauptsächlich im Mittelmeerraum, jedoch auch in Eurasien, Südafrika und Kalifornien vor. Bekannt ist vor allem *Reseda odorata*, eine stark süßlich duftende Art aus Nordafrika, aus deren Blüten früher ein Öl für die Parfumherstellung gewonnen wurde.

| J | F | M | A | M | J | J | A | S | O | N | D |

Dorycnium hirsutum **Behaarter Backenklee**

1 Dicht abstehend behaarter Halbstrauch, an der Basis verholzt

2 Blütenköpfe kurz gestielt; Kelch halb so lang wie die Krone

3 Blätter sitzend, 5-zählig gefiedert; Fiedern länglich verkehrt-eiförmig

3er-Check

Merkmale: 20–50 cm. Dicht abstehend behaarter, an der Basis verholzter Halbstrauch. Blätter wechselständig, sitzend, 5-zählig, mit fehlender oder sehr kurzer Blattspindel; Fiederblättchen somit fast fingerförmig angeordnet, länglich verkehrt-eiförmig, bis 25 mm lang. Blüten zu 4–12 in kurz gestielten Köpfen; Kelch glockig, mit 5 fast gleich langen Zähnen; Krone doppelt so lang wie der Kelch (10–20 mm); Fahne und Flügel weiß, manchmal rosa; Schiffchen kürzer, mit dunkelroter Spitze; Flügel innen mit taschenförmiger Längsfalte. Hülsenfrucht eiförmig, 6–12 mm lang. Schmetterlingsblütengewächse, Fabaceae.

Vorkommen: Garigues, Gebüsche, lichte Wälder, Macchien; trockene Wiesen. Fast im gesamten Mediterrangebiet verbreitet.

Biologie: Für alle Arten der Gattung *Dorycnium* sind die 5-zählig gefiederten Blätter typisch, deren unterstes Paar Nebenblättern ähnelt. Die Blüten sind in blattachselständigen, gestielten Köpfen angeordnet, das Schiffchen ist zumindest an der Spitze dunkelrot oder schwarz.

J | F | M | A | M | J | J | A | S | O | N | D

Großer Klippenziest

Prasium majus

1

2

3

1	Nesselartiger Strauch, bis etwa 1 m groß
2	Blüten zu 1–2, Oberlippe gewölbt, Unterlippe mit breitem Mittellappen
3	Blätter gekreuzt-gegenständig, eiförmig, gekerbt, glänzend

3er-Check

Merkmale: 50–100 cm. Kahler oder wenig behaarter, unregelmäßig verzweigter Strauch, der oft kletternd auftritt. Blätter gekreuzt-gegenständig, gestielt, bis 5 cm lang und bis 2 cm breit, eiförmig, zugespitzt, glänzend, mit gesägt-gekerbtem Rand. Blüten zu 1–2 in den oberen Blattachseln. Kelch etwas 2-lippig, 10-nervig, mit 5 begrannten Zipfeln; zur Fruchtzeit bis 25 mm lang. Krone weiß, gelegentlich blasslila, 17–23 mm lang, 2-lippig; Oberlippe länglich, gewölbt, stumpf; Unterlippe 3-lappig, mit breitem Mittellappen. Fruchttyp: Klausenfrucht aus 4 schwarzen, 3–4 mm langen, fleischigen, steinfruchtähnlichen Teilfrüchten bestehend. Lippenblütengewächse, Lamiaceae.

Vorkommen: Garigues, Macchien, Trockenbiotope in Küstennähe. Fast im gesamten Mittelmeerraum (Ausnahme: z. B. Südfrankreich); auf Madeira und Teneriffa vorkommend.

Biologie: Der Große Klippenziest wird auch Strauchnessel genannt. Die Gattung *Prasium* tritt nur mit dieser einzigen Art im mediterran-makaronesischen Florengebiet auf.

J	F	M	A	M	J	J	A	S	O	N	D

Bellardia trixago **Bunte Bellardie**

1 Blütenähre, 4-seitig, dicht; Oberlippe helmartig, meist purpurrosa

2 Pflanze drüsig behaart

3 Blätter sitzend, gegenständig, linealisch-lanzettlich, grob gesägt

3er-Check

Merkmale: 10–70 cm. 1-jährige, drüsig behaarte Pflanze mit aufrechten, meist unverzweigten Stängeln. Blätter gegenständig, sitzend, linealisch-lanzettlich, bis 9 cm lang und bis 15 mm breit, Blattrand entfernt grob-stumpf gesägt. Blüten in endständiger, dichter, 4-seitiger Ähre. Die unteren Tragblätter ähneln den Laubblättern, die oberen sind kleiner, eiförmig, mit herzförmigem Grund und ganzrandig. Kelch 4-zipfelig, 8–10 mm lang, glockig bis bauchig aufgeblasen. Krone weiß, mit purpurrosafarbener Oberlippe, auch ganz weiß oder gelb, 20–25 mm lang; Oberlippe helmförmig, kurz; Unterlippe deutlich länger, stumpf 3-lappig, flach. Staubblätter in der Kronröhre angewachsen, Staubbeutel borstig behaart. Kapselfrucht kugelig, drüsig behaart. Rachenblütengewächse, Scrophulariaceae.

Vorkommen: Steinig-sandige Trockenwiesen, Felsheiden, Garigues. Mediterran-atlantische Art. Im gesamten Mittelmeerraum, im Westen bis zu den Kanaren und Madeira, östlich bis zum Iran.

Biologie: Bei der vorliegenden Art handelt es sich um einen Halbschmarotzer, der auf den Wurzeln der Wirtspflanzen parasitiert und von diesen Wasser und Mineralstoffe bezieht.

J	F	M	A	M	J	J	A	S	O	N	D

Langblättriges Waldvögelein *Cephalanthera longifolia*

1 Blütenstand locker traubig, Blüten zahlreich, halb geöffnet

2 Blüten ungespornt, Lippe mit orangefarbenen Längsleisten

3 Blätter 4–12, linealisch-lanzettlich, überhängend, bis 20 cm lang

3er-Check

Merkmale: 10–60 cm. Mehrjährige Pflanze mit verzweigtem Rhizom (= Erdspross) und locker traubigem Blütenstand. Blätter 4–12, linealisch-lanzettlich, bis 20 cm lang und bis 4 cm breit (mindestens 7–10-mal so lang wie breit!), überhängend. Unterste Tragblätter noch laubblattartig, mittlere und obere deutlich kürzer als jeweils die Fruchtknoten. Blüten rein weiß, 14–18 mm lang, ungespornt, nur halb geöffnet. Äußere Blütenhüllblätter 10–15 mm lang, 4–6 mm breit; Lippe 7–10 mm lang, mit orangefarbenen Längsleisten. Knabenkrautgewächse, Orchidaceae.

Vorkommen: Lichte Laub- und Kiefern(misch)wälder, Gebüsche. Auf kalk- und basenreichen, lockeren Stein- und Lehmböden. Vom Mediterrangebiet bis in die gemäßigten Breiten Europas und Asiens; Nordafrika.

Biologie: Das Lang- oder Schwertblättrige Waldvögelein ist eine Wärme liebende Halbschattenpflanze und zählt besonders entlang der nördlichen Arealgrenze zu den gefährdeten Orchideen-Arten.

J	F	M	A	M	J	J	A	S	O	N	D

Orchis lactea **Milchweißes Knabenkraut**

1 Niedrige Knabenkrautart;
Blütenstand 3–5 cm lang, dicht

2 Blütenhüllblätter helmartig, lang
zugespitzt; Lippe purpurn gefleckt

3 Blätter 3–8, hellgrün, untere
breit-lanzettlich bis eiförmig

3er-Check

Merkmale: 7–20 cm. Niedrige Knabenkrautart mit 2 Knollen. Blätter 3–8, hellgrün, in grundständiger Rosette, breit-lanzettlich bis eiförmig; hinzu kommen 1–2 scheidige Stängelblätter. Blütenstand 3–5 cm lang, eiförmig bis etwas verlängert, dicht. Tragblätter etwa so lang wie der Fruchtknoten. Blütenhüllblätter helmartig zusammenneigend, weißlich oder blassrosa; äußere in eine gebogene Spitze verlängert und meist nach außen gebogen, dunkelrot oder grün geadert; innere seitliche Hüllblätter schmal-lanzettlich. Lippe tief 3-lappig (der mittlere Lappen ist länger und breiter als die seitlichen), purpurrot gefleckt, weißlich oder mit lila oder purpurn gefärbten Lappen. Sporn bis 8 mm lang, zylindrisch, abwärts gerichtet. Knabenkrautgewächse, Orchidaceae.

Vorkommen: Magerrasen, Garigues, lichte Wälder; trockene, kalkhaltige Böden werden bevorzugt. In weiten Teilen des Mediterrangebietes von Südfrankreich bis Griechenland und zur Türkei (auf der Iberischen Halbinsel fehlend); Nordafrika.

Biologie: Nah verwandt ist das **Dreizähnige Knabenkraut** *(Orchis tridentata)* mit schmal-lanzettlichen grundständigen Blättern und eher kugeligen Blütenständen.

| J | F | M | A | M | J | J | A | S | O | N | D |

Echter Venuskamm *Scandix pecten-veneris*

3er-Check

1 Blütendolde 1–3-strahlig, Döldchen aus je 3–6 Blüten

2 Frucht 1,5–8 cm lang, mit sehr langem Schnabel

3 Blätter 2–4fach gefiedert, mit linealischen Zipfeln

Merkmale: 10–50 cm. 1-jährige, basal verzweigte Pflanze mit fein gerillten, meist kurz-abstehend steifhaarigen Stängeln. Blätter 2–4fach fein gefiedert, bis 8 cm lang, mit linealischen Zipfeln. Blütendolde 1–3-strahlig, ohne Hüllblätter; Hüllchen 5-blättrig, ganzrandig oder mit nach vorn gerichteten Zähnen. Döldchen aus je 3–6 Blüten, Kelchblätter fehlend; Kronblätter weiß, äußere vergrößert. Frucht 1,5–8 cm lang, mit kurzem, samentragendem Abschnitt und viel längerem, kräftigem, seitlich abgeflachtem Schnabel. Doldenblütengewächse, Apiaceae.

Vorkommen: Ruderalpflanze auf Kulturflächen und Brachland. Im gesamten Mittelmeerraum (mediterran-submediterrane Art), auf allen Kanarischen Inseln, Madeira und den Azoren und bis Schottland verbreitet; außerdem in Südwestasien heimisch.

Biologie: Die Art zählt aufgrund ihrer auffällig großen geschnäbelten Früchte zu den besonders einfach zu erkennenden Doldenblütlern des Mediterrangebietes.

| J | F | M | A | M | J | J | A | S | O | N | D |

Tordylium apulum **Apulischer Zirmet**

1

2

1 Randblüten mit je 1 deutlich vergrößerten, tief 2-spaltigen Kronblatt

2 Frucht flach-scheibenförmig, mit
weißlichem, gekerbtem Randwulst

3 Grundblätter mit eiförmig-rund-
lichen Fiederabschnitten

3er-Check

3

Merkmale: 20–50 cm. 1-jährige, aufrechte, verzweigte Pflanze mit basal dicht weich-abstehend behaartem Stängel. Blätter gefiedert; Fiederabschnitte der unteren Blätter eiförmig-rundlich, tief gekerbt; Abschnitte der oberen Blätter linealisch, ganzrandig. Dolden 3–8-strahlig; Hüll- und Hüllchenblätter kurz, pfriemlich. Blüten weiß; Randblüten mit je 1 deutlich vergrößerten, tief 2-spaltigen Kronblatt. Frucht flach-scheibenförmig, blasig behaart, mit weißlichem, gekerbtem Randwulst, 5–8 mm groß. Doldenblütengewächse, Apiaceae.

Vorkommen: Trockene Standorte auf Kultur- und Brachflächen werden bevorzugt. Fast im ganzen Mittelmeergebiet, ganz im Westen etwas weniger häufig.

Biologie: In Südeuropa kommen 2 weitere Zirmet Arten vor: *Tordylium officinale* mit 8–14-strahligen Dolden und Randblüten mit 2 ungleich 2-lappigen Kronblättern vorwiegend in Südosteuropa sowie *T. maximum* mit 5–15-strahligen Dolden und Randblüten mit 2–3 asymmetrischen Kronblättern im südlichen Mittel- und in Südeuropa.

| J | F | M | A | M | J | J | A | S | O | N | D |

Immergrüner Schneeball *Viburnum tinus*

3er-Check

1 Blätter immergrün, ledrig, spitz-elliptisch, oben glänzend

2 Krone mit 5 rundlichen Zipfeln, innen weiß, außen rosa

3 Eiförmige Beerenfrüchte, metallisch blauschwarz glänzend, 6–8 mm

Merkmale: 1–3 m. Immergrüner, reich verzweigter Strauch. Blätter gegenständig, lanzettlich bis spitz-elliptisch, etwa 1cm lang gestielt, ganzrandig, ledrig; oberseits dunkelgrün glänzend, deutlich netznervig; unterseits heller, spärlich behaart. Blüten in endständigen, dichten, 4–9 cm großen Trugdolden; Blütenkrone mit 5 rundlichen Zipfeln und nur etwa 1mm langer Röhre, innen weiß, außen rosafarben bis weinrot getönt. Staubblätter 5, mit weißen Staubbeuteln; Fruchtknoten unterständig. Beerenartige Steinfrüchte eiförmig, metallisch blauschwarz glänzend, 6–8 mm groß. Holundergewächse, Sambucaceae.

Vorkommen: Die Art bevorzugt schattig-feuchte Standorte in Macchien und immergrünen Wäldern sowie in Gebüschen; gelegentlich findet man sie auch als Zierstrauch angepflanzt. Fast im gesamten Mittelmeerraum, im Westen häufiger vorkommend; Kanarische Inseln (Unterart), Azoren.

Biologie: Die Blütenstände dieser Art stellen typische Pseudanthien (= Scheinblumen) dar, die vor allem Käfer anlocken, beköstigen und von diesen bestäubt werden. Die elastisch-zähen Zweige lassen sich leicht binden und flechten.

J	F	M	A	M	J	J	A	S	O	N	D

Anacyclus clavatus **Keulen-Bertram**

1

2

3

1 Blütenköpfe einzeln, endständig, 3–4,5 cm breit

2 Blätter 2–3fach gefiedert, Fiedern fein bespitzt

3 Blütenkopfstiele zur Fruchtzeit keulig verdickt

3er-Check

Merkmale: 10–60 cm. 1-jährige, aufrechte, meist vom Grund an verzweigte Pflanze. Blätter im Umriss länglich, 2–3fach gefiedert; Fiedern linealisch, weniger als 1 mm breit, fein bespitzt. Blütenköpfe einzeln, endständig, 3–4,5 cm breit; Hüllblätter grün, in wenigen Reihen, lanzettlich, seidig behaart, weiß oder purpurrot umrandet. Zungenblüten weiß, bis 14 mm lang, Röhrenblüten gelb, zwittrig. Köpfchenboden mit verkehrt-eiförmigen Spreublättern. Früchte (Achänen) flach, bis 4 mm groß, die der Randblüten mit breiten, durchsichtigen Flügeln, ohne Pappus. Zur Fruchtzeit sind die vormaligen Blütenkopfstiele keulig verdickt. Korbblütengewächse, Asteraceae.

Vorkommen: Brachflächen, Ödland, Wegränder; oft in Küstennähe zu finden. Im gesamten Mediterrangebiet, in Nordwestafrika und Kleinasien verbreitet.

Biologie: Die nah verwandte Art *A. radiatus* ist durch gelbe Zungenblüten und große, bewimperte Anhängsel der inneren Hüllblätter gekennzeichnet.

| J | F | M | A | M | J | J | A | S | O | N | D |

Großes Gänseblümchen *Bellis sylvestris*

3er-Check

1	Rosettenpflanze mit kräftigen Blütenkopfstielen
2	Blütenköpfe einzeln, endständig, 2–4 cm
3	Blätter verkehrt-eiförmig bis lanzettlich mit undeutlichem Stiel

Merkmale: 10–45 cm. Ausdauernde, hohe Gänseblümchen-Art mit grundständiger Blattrosette und kräftigen Blütenkopfstielen. Blätter verkehrt-eiförmig bis lanzettlich mit undeutlichem Stiel, meist etwas gekerbt-gesägt; in jungem Zustand anliegend behaart. Blütenköpfe einzeln, endständig, 2–4 cm breit; Hüllblätter 2-reihig, bis 12 mm lang; Zungenblüten weiß, oft beiderseits rot überlaufen; Röhrenblüten gelb, zwittrig. Früchte zusammengedrückt, behaart, gelegentlich mit kurzen Borsten. Korbblütengewächse, Asteraceae.

Vorkommen: Gebüsche, lichte Wälder, auch auf Wiesen und Weiden. Im gesamten Mittelmeergebiet verbreitet.

Biologie: Die Verbreitung der Achänenfrüchte erfolgt auf dem Wege der Windausbreitung (Anemochorie). Die Blütenkopfstiele wirken als steif federnde Achsen: Bei Windeinwirkung werden die Früchte aus den Köpfchen geschüttelt (»Windstreuer«).

| J | F | M | A | M | J | J | A | S | O | N | D |

Bellis annua **Einjähriges Gänseblümchen**

1 Stängel an der Basis verzweigt und beblättert, ohne markante Rosette

2 Blütenköpfe einzeln, endständig, 5–15 mm

3 Blätter zungen- oder spatelförmig, fein bewimpert

3er-Check

Merkmale: 5–15 cm. 1-jährige Gänseblümchen-Art ohne markante Blattrosette, mit flaumhaarigen, an der Basis verzweigten und beblätterten, dünnen Blütenkopfstängeln. Blätter zungen- bis spatelförmig, gekerbt bis gesägt oder ganzrandig, bis 25 mm lang und bis 15 mm breit, fein bewimpert. Blütenköpfe einzeln, endständig, 5–15 mm groß; Hüllblätter 2-reihig. Zungenblüten weiß, unterseits oft rot überlaufen; Röhrenblüten gelb, zwittrig. Früchte zusammengedrückt, behaart, ohne Pappus. Korbblütengewächse, Asteraceae.

Vorkommen: Grasig-sandige, zumindest zeitweise feuchte Standorte; Rasen, Gebüsche. Im gesamten Mittelmeerraum, auf Teneriffa und Madeira verbreitet.

Biologie: Fruchtverbreitungsmechanismus wie bei der vorigen Art (»Windstreuer«).

J	F	M	A	M	J	J	A	S	O	N	D

Gelber Zistrosenwürger

Cytinus hypocistis
ssp. *hypocistis*

1 Nicht grüne Schmarotzerpflanze mit gestauchtem Spross und Schuppenblättern

2 Blüten zu 5–10, dicht büschelig; Krone röhrig mit 4 abstehenden Zipfeln, gelb

2er-Check

Merkmale: 2–5 cm oberirdisch, unterirdisch bis mehrere Meter lang. Nur zur Blütezeit oberirdisch erscheinende, nicht grüne Schmarotzerpflanze mit einfachem, gestauchtem Spross und kurzen fleischigen Trieben. Stängel mit schmal-eiförmigen, anliegenden, basal gelben, weiter zur Spitze hin orangefarbenen bis scharlachroten Schuppenblättern. Blüten zu 5–10, dicht büschelig am Sprossende, von je 2 Hochblättern umgeben; obere männlich, untere (äußere) weiblich. Krone röhrig, mit 4 abstehenden Zipfeln. Männliche Blüten mit 8 zu einer Säule vereinigten Staubblättern, weibliche Blüten mit unterständigem Fruchtknoten und kopfig verbreiterter Narbe. Rafflesiengewächse, Rafflesiaceae.

Vorkommen: Trockene, sonnige Standorte in Macchien und Garigues. Mittelmeerraum und Kanarische Inseln.

Biologie: Die Art *Cytinus hypocistis* parasitiert als Vollschmarotzer auf Zistrosen-Arten (Gattung *Cistus),* die vorliegende Unterart im Wesentlichen auf weißblütigen Zistrosen, im östlichen Mittelmeergebiet auch auf der rosablütigen Kleinblütigen Zistrose *(Cistus parviflorus).* Wie ein Pilzmyzel durchzieht der Parasit Sprosse und Wurzeln der Wirtspflanze.

J	F	M	A	M	J	J	A	S	O	N	D

Clematis cirrhosa **Ranken-Waldrebe**

3er-Check

1 Immergrüne Kletterpflanze; bis 5 m, verholzt

2 Blüten 4–7 cm, glockig-nickend, cremefarben, außen dicht behaart

3 Blätter gegenständig, einfach oder 3-lappig bzw. 1–2fach 3-teilig

Merkmale: 2–5 m. Immergrüne, verholzte Kletterpflanze. Blätter gegenständig, sehr formvariabel: 1–2fach 3-geteilt, gelappt oder ungeteilt; grob gezähnt. Blüten einzeln, 4–7 cm im Durchmesser, glockig-nickend; Hochblätter zu einer Art Becher verwachsen; Hüllblätter cremefarben bis gelblich-weiß, gelegentlich rot gefleckt, auf der Außenseite dicht behaart. Früchte mit einem bis 2 cm langen, behaarten, federigen Griffel. Hahnenfußgewächse, Ranunculaceae.

Vorkommen: Hecken, Gebüsche, Mauern; auch in Wäldern. Im gesamten Mittelmeergebiet.

Biologie: Die Art enthält Protoanemonin. Die funktionelle Bedeutung der federigen Griffel ist offensichtlich: Der »Federschweif« unterstützt die Windausbreitung der kleinen Früchte (Einblattnüsse; aus 1 Fruchtblatt entstanden). Die Gattung *Clematis* gehört daher bezüglich der Fruchtverbreitung zum Typus der »Haarflieger«.

| J | F | M | A | M | J | J | A | S | O | N | D |

Niederliegende Lappenblume *Hypecoum procumbens*

1 Blüten zu wenigen trugdoldig; Kronblätter tief gespalten

2 Niederliegende bis aufsteigende kahle Pflanze

3 Blätter 2(–3)fach gefiedert; Abschnitte linealisch-lanzettlich

3er-Check

Merkmale: 10–40 cm. Ausgebreitet-niederliegende bis aufsteigende kahle Pflanze mit gerieften Stängeln, ohne Milchsaft. Blätter 2(–3)fach gefiedert, mit linealischen bis lanzettlichen Abschnitten, graugrün. Blüten zu wenigen trugdoldig angeordnet; Kelch klein, hinfällig; Kronblätter 4, äußere 3-lappig, ihre Seitenzipfel deutlich kleiner als der mittlere; die inneren Kronblätter sind tief 3-spaltig mit länglich-zungenförmigen Abschnitten. Insgesamt wirkt die Krone vielblättrig (Einordnung im System dieses Buches!). Staubblätter 4, so lang wie die Kronblätter. Fruchtknoten oberständig. Schotenfrucht 4–6 cm lang, aufrecht, gebogen, gegliedert und in 1-samige Abschnitte zerfallend. Mohngewächse, Papaveraceae.

Vorkommen: Kultur- und Brachflächen, ausgetrocknete Flussbetten; die Art bevorzugt Sandböden, meist in Küstennähe. Fast im gesamten Mittelmeerraum verbreitet.

Biologie: Die Lappenblume zeigt in ihrem Blütenaufbau mit 2 Kelchblättern, 2 + 2 Kronblättern, 2 + 2 Staubblättern und 2 zu einem oberständigen Fruchtknoten verwachsenen Fruchtblättern eher ursprüngliche Verhältnisse, von denen der Blütenbau anderer Vertreter der Mohngewächse abgeleitet werden kann.

| J | F | M | A | M | J | J | A | S | O | N | D |

Glaucium flavum **Gelber Hornmohn**

1	Pflanze bläulichgrün bereift; Blätter oben stängelumfassend
2	Blüten einzeln, gestielt, bis 8 cm groß; Kelchblätter 2
3	Schoten bis 30 cm lang, hornförmig gebogen

3er-Check

Merkmale: 20–90 cm. 2-jährige, grau- bis bläulichgrün bereifte, spärlich behaarte Pflanze mit gelbem Milchsaft. Grundblätter gestielt, bis 35 cm lang, leierförmig fiederspaltig mit gezähnten bis gelappten Abschnitten, fast kraus erscheinend; Stängelblätter nach oben an Größe abnehmend, obere stängelumfassend. Blüten einzeln, gestielt, end- oder blattachselständig, bis 8 cm im Durchmesser. Kelchblätter 2, oft behaart, Kronblätter 4. Schoten bis 30 cm lang, oft hornförmig gebogen. Mohngewächse, Papaveraceae.

Vorkommen: Sandig-steinige Böden in Küstennähe, auch Ruderalstandorte wie Wegränder, Schuttplätze, Brachland. In der gesamten Küstenregion des Mittelmeerraumes, am Schwarzen Meer, auf mehreren Kanarischen Inseln; entlang der Atlantikküste auch weiter nördlich auftretend, manchmal bis in den Nordseeküstenbereich verschleppt.

Biologie: Auf dem Balkan und im Bereich der Ägäis kommt mit *Glaucium leiocarpum* eine weitere gelb blühende Hornmohnart vor, die durch kürzere, etwas eingeschnürte Schoten (maximal 10 cm lang) und tief gelb gefärbte Kronblätter gekennzeichnet ist.

J F M **A M J J A S** O N D

Gewürz-Lorbeer *Laurus nobilis*

1 Immergrüner Strauch oder Baum; Blüten zu 4–6 in den Blattachseln

2 Blätter am Rand gewellt, zugespitzt, mit stark aromatischem Geruch

3 Blauschwarze, olivenartige Steinfrüchte

3er-Check

Merkmale: 2–20 m. Immergrüner 2-häusiger Baum mit strauchförmig verzweigter Krone oder Strauch. Blätter wechselständig, länglich-lanzettlich, beidendig zugespitzt, bis 10 cm lang und bis 4 cm breit, dunkelgrün, am Rand gewellt, mit stark aromatischem Geruch. Blüten zu 4–6 in kleinen Büscheln in den Blattachseln; Blütenhülle an der Basis verwachsen, 4-blättrig, gelblich. Die Staubblätter öffnen sich mit Klappen. Steinfrucht 10–20 mm groß, olivenartig, zur Reife glänzend (blau)schwarz. Lorbeergewächse, Lauraceae.

Vorkommen: In schattigen und feuchten Wäldern, auch in Schluchten; eher in Küstennähe anzutreffen. Häufig als Gewürz- und Zierstrauch angepflanzt. Im gesamten Mittelmeerraum, jedoch in der Mitte und im Osten häufiger als im Westen. Der Lorbeerbaum ist ein typischer Repräsentant der mediterranen Flora.

Biologie: Die Bedeutung des Lorbeerbaumes ist bekanntlich schon im Altertum dokumentiert: Die Pflanze war bei den Griechen dem Apoll geweiht; die Zweige wurden zu Siegerkränzen geflochten. Die Blätter sind auch heute noch als Küchengewürz (enthalten cineolreiches ätherisches Öl) unentbehrlich.

| J | F | M | A | M | J | J | A | S | O | N | D |

Ruta chalepensis **Gefranste Raute**

1 Stark aromatische Pflanze mit locker-rispigen Blütenständen

2 Kronblätter elliptisch, etwas kahnförmig, Rand zahnartig gefranst

3 Blätter doppelt gefiedert, Abschnitte länglich-eiförmig, stumpf

3er-Check

Merkmale: 20–60 cm. Stark aromatisch riechende, kahle, an der Basis etwas verholzte Pflanze (»Halbstrauch«). Blätter wechselständig, doppelt gefiedert, mit länglich-eiförmigen, stumpfen Abschnitten. Blütenstand locker-rispig, drüsenlos; Tragblätter der Blüten breiter als der jeweilige Stängelabschnitt, fast herzförmig stängelumfassend. Kelchblätter 4, 3-eckig bis eiförmig; Kronblätter 4, nicht verwachsen, etwas kahnförmig, am Rand grob zahnartig gefranst, gelb(grün). Auffällig ist, dass die zentrale Blüte oft 5-zählig ist und damit vom Bau der umgebenden Blüten abweicht. Staubblätter 8 bzw. 10. Kapselfrucht. Rautengewächse, Rutaceae.

Vorkommen: Garigues, Felsfluren und -heiden; auch an Ruderalstandorten (Mauern, Wegränder). Im gesamten Mittelmeerraum, auf den Kanaren, Kapverden, Azoren und Madeira; im Osten bis zur Arabischen Halbinsel verbreitet.

Biologie: Die Pflanze produziert in lysigenen Sekretbehältern intensiv riechende ätherische Öle. Die Blüten werden vorwiegend von Fliegen bestäubt; der für diese Insekten verlockende Geruch geht indes eher von der Pflanze als speziell von den Blüten aus; der Nektar ist bei diesen »Scheibenblumen« frei zugänglich.

J F M A M J J A S O N D

Behaarte Spatzenzunge *Thymelaea hirsuta*

1 Verzweigter kleiner Strauch mit meist überhängenden Ästen

2 Blüten zu 1–5, 4-zipfelig, innen gelb, außen weiß seidenhaarig

3 Blätter dachziegelig, schuppenförmig, fleischig; Zweige jung weißfilzig

3er-Check

Merkmale: 40–100 cm. Verzweigter Strauch mit meist überhängenden oder auch aufrechten Zweigen, die im jungen Zustand weißfilzig sind. Blätter 3–8 mm lang, schuppenförmig, etwas fleischig, in dachziegelartiger Anordnung; die zur Achse gewandte Seite ist wie die Zweige weißfilzig, die andere glänzend grün. Blüten zu 1–5, 4-zipfelig, innen gelb, außen weiß seidenhaarig; 4–5 mm lang. Thymelaeaceae, Seidelbastgewächse.

Vorkommen: Garigues, an extrem trockene Standorte angepasst. Fast im gesamten Mediterrangebiet vorkommend.

Biologie: Der Aufbau und die Anordnung der bereits etwas sukkulenten Blätter, ihre geringe Größe und die weißfilzige Behaarung sind Anpassungsmerkmale an die xerophytische Lebensweise (an Trockenheit angepasste Pflanzen). Sie zielen darauf ab, den Wasserverlust durch Transpiration möglichst gering zu halten.

J	F	M	A	M	J	J	A	S	O	N	D

Carpobrotus edulis

Gelbe Mittagsblume

3er-Check

1 Niederliegende, dichte Bestände bildende sukkulente Pflanze

2 Blüten 8–10 cm, Kronblätter zahlreich, hellgelb, gelbrosa, purpurn

3 Blätter sukkulent, im Querschnitt 3-eckig, zur Spitze verschmälert

Merkmale: Bis 2 m lang. Niederliegende, dichte, mattenartige Bestände bildende Pflanze; Stängel an der Basis verholzend. Blätter gegenständig, linealisch, allmählich zur Spitze hin verschmälert, bis 12 cm lang, sukkulent (= fleischig), frischgrün, im Querschnitt gleichseitig-dreieckig. Blüten 8–10 cm groß, mit zahlreichen hellgelben, gelblichrosa (auch hell purpurfarbenen) Kronblättern. Staubblätter zahlreich, gelb; Narben 12. Eiskrautgewächse, Aizoaceae.

Vorkommen: Meist in Küstennähe, auf sandigen Böden; an Böschungen. Die Art stammt ursprünglich aus Südafrika, wurde aber als Zierpflanze überall angepflanzt und ist heute im gesamten Mittelmeergebiet, auf den Kanaren, Azoren, Kapverden sowie auf Madeira eingebürgert.

Biologie: Die Gelbe Mittagsblume dient wie ihre rot blühende nahe Verwandte aufgrund ihrer optischen Attraktivität als Zierpflanze, zudem der Befestigung von Dünen und Böschungen. Wie bei vielen anderen Blattsukkulenten enthalten die Blätter vergleichsweise große Mengen organischer Säuren, die für einen Sonderweg der Fotosynthese erforderlich sind.

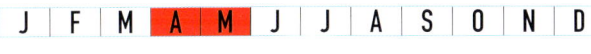

J F M A M J J A S O N D

Wilder Portulak *Portulacca oleracea*

1 Pflanze flach ausgebreitet, niederliegend, kahl, etwas fleischig

2 Blüten 1–3, oft endständig; Kronblätter 5, ausgerandet, goldgelb

3 Blätter spatelförmig, vorn abgerundet, glänzend

3er-Check

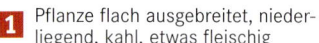

Merkmale: Bis 50 cm. 1-jährige, flach ausgebreitete, niederliegende, kahle, etwas fleischige Pflanze. Blätter wechselständig, am Sprossende fast gegenständig, spatelförmig bis eiförmig-länglich, vorn abgerundet, an der Basis verschmälert, glänzend; Nebenblätter (oft sehr klein!) vorhanden. Blüten einzeln oder bis zu 3, oft endständig; Kelchblätter 2, gekielt; Kronblätter 5, goldgelb, 6–8 mm lang, ausgerandet. Deckelkapsel. Portulakgewächse, Portulacaceae.

Vorkommen: Kultur- und Brachflächen (Hackkulturen, Wegränder und andere Ruderalstandorte). Im gesamten Mediterrangebiet und auf den Kanarischen Inseln verbreitet.

Biologie: Die Pflanze enthält größere Mengen an Oxalsäure; die relative Menge entspricht in etwa der beim Rhabarber. Oxalsäure reagiert mit Calcium zu unlöslichem Calciumoxalat, dessen Kristalle die Nierenkanäle verstopfen und die Nierensteinbildung induzieren können.

J	F	M	A	M	J	J	A	S	O	N	D

Adonis microcarpa
Kleinfrüchtiges Adonisröschen

1

3er-Check

1 Blüten 1 cm breit, Kronblätter, doppelt so lang wie die Kelchblätter

2 Stängelblätter 3–4fach fiederteilig, Abschnitte schmal-linealisch

3 Früchte mit aufwärts gebogenem Schnabel und stumpfem Höcker

Merkmale: 20–50 cm. 1-jährige, kahle Pflanze. Stängelblätter 3–4fach fiederteilig mit linealischen, zugespitzten Abschnitten; untere Blätter gestielt, obere sitzend. Blüten 1 cm im Durchmesser, Kronblätter normalerweise gelb, gelegentlich auch orangefarben oder zinnoberrot, doppelt so lang wie die Kelchblätter, die in Fünfzahl vorhanden sind. Nüsschen-Früchte mit aufwärts gebogenem Schnabel und stumpfem, zahnartigem Höcker am Grund, bis 2,5 mm groß. Hahnenfußgewächse, Ranunculaceae.

Vorkommen: Auf Kultur- und Brachflächen, auch an Ruderalstandorten. Die eher südmediterrane Art kommt im gesamten Mittelmeerraum, auf den Kanarischen Inseln und Madeira vor.

Biologie: *Adonis* gehort unter den Hahnenfußgewächsen zu den Gattungen, bei denen die Blütenhülle doppelt, also als Kelch und Krone ausgebildet ist; viele andere Gattungen weisen nur ein einfaches Perigon auf.

| J | F | M | A | M | J | J | A | S | O | N | D |

Mexikanischer Stachelmohn *Argemone mexicana*

1

2

3

1	Pflanze distelartig, graugrün; Kronblätter 4–6, goldgelb
2	Blätter fiederschnittig, dornig
3	Fruchtkapsel elliptisch, meist dornig

3er-Check

Merkmale: Bis 90 cm. Distelartige, bläulich- bis graugrüne, kahle Pflanze mit gelbem Milchsaft. Blätter fiederschnittig, dornig. Blüten einzeln, goldgelb, von 2–3 Hochblättern umgeben; Kronblätter 4–6 (im Regelfall 6), 2–3 cm lang. Fruchtkapsel elliptisch, 5-rippig, anfangs unbewehrt, später dornig, 4–5 cm lang; Samen kugelig, schwarz. Mohngewächse, Papaveraceae.

Vorkommen: Ruderalpflanze auf Brachflächen, Schuttplätzen, an Weg- und Straßenrändern; bevorzugt werden leichte Böden und volle Sonneneinstrahlung. Das ursprüngliche Verbreitungsgebiet des Mexikanischen Stachelmohns umfasst Mexiko und den Südwesten der Vereinigten Staaten von Amerika. Heute ist die Art in vielen Gegenden des Mittelmeerraumes eingebürgert. Dasselbe gilt für die Kanarischen Inseln, für Madeira und die Kapverden. Auf letzterem Archipel wurde die Art schon 1635 beobachtet.

Biologie: In Mexiko verwendet man das Samenöl von *Argemone*-Arten für Öllampen und zur Seifenherstellung.

J	F	M	A	M	J	J	A	S	O	N	D

Oxalis pes-caprae **Nickender Sauerklee**

1 Blüten zu je 5–12-doldig auf langen, blattlosen Stielen

2 Blüten trichterförmig; Kronblätter zitronengelb, umgekehrt-eiförmig

3 Rosettenblätter kleeartig, lang gestielt, Teilblätter herzförmig

3er-Check

Merkmale: 10–25 cm. Mehrjährige, spärlich behaarte Pflanze mit tief liegender Knolle, aus der sich jährlich ein unterirdischer Spross entwickelt, der kleine Tochterknollen bildet und die Blattrosette trägt. Blätter in grundständiger Rosette, kleeartig, bis 20 cm lang gestielt; Teilblätter 3, umgekehrt-herzförmig, tief ausgerandet. Blütenschaft blattlos, behaart, mit je 5–12 doldig angeordneten, im Knospenzustand nickenden Blüten. Blüten trichterförmig, zitronengelb; Kronblätter 5, nicht verwachsen, umgekehrt-eiförmig, bis 25 mm lang. Kapselfrucht, selten ausgebildet. Sauerkleegewächse, Oxalidaceae.

Vorkommen: Kulturland (Felder, Baumkulturen, Gärten), Brachflächen, Wegränder. Die Art stammt aus Südafrika, wurde im 18. Jahrhundert in den Mittelmeerraum verschleppt und ist dort und auf den Kanarischen Inseln in vielen Gebieten eingebürgert.

Biologie: Mancherorts wurde die Art auch als Zierpflanze kultiviert; vielfach verwilderten auf diese Weise auch Formen mit gefüllten Blüten. Für alle Vertreter der Sauerkleegewächse ist charakteristisch, dass sie in ihrem Gewebe lösliche Kaliumoxalate akkumulieren.

J	F	M	A	M	J	J	A	S	O	N	D

Erd-Burzeldorn *Tribulus terrestris*

1 Niederliegende, behaarte Pflanze mit paarig gefiederten Blättern

2 Blüten 5-zählig, einzeln in den Blattachseln, 4–5 mm groß

3 Frucht sternförmig, 5 Teilfrüchte mit dornigen Auswüchsen

3er-Check

Merkmale: Bis 60 cm lang. 1-jährige, niederliegende, silbergrau behaarte Pflanze. Blätter gegenständig (mit Ausnahme der untersten), die gegenüber liegenden Blätter eines Paares sind oft ungleich groß. Blattbasis mit kleinen schmal-dreieckigen Nebenblättern. Blätter paarig gefiedert, mit bis zu 8 Fiederpaaren. Fiederblätter asymmetrisch eiförmig-länglich. Blüten 5-zählig, einzeln in den Blattachseln, 4–5 mm groß; Kelchblätter 5, schmal, hinfällig; Kronblätter 5, rundlich; Staubblätter 10; Fruchtknoten oberständig, behaart. Frucht sternförmig, aus 5 Teilfrüchten zusammengesetzt, mit je 2 langen und 2 kurzen dornigen Auswüchsen. Jochblattgewächse, Zygophyllaceae.

Vorkommen: Kultur-, Brach- und Ruderalflächen; trockene und sandige Böden. Die Art ist im gesamten Mittelmeergebiet, auf einigen Kanarischen und Kapverdischen Inseln und z. T. bis ins südliche Mitteleuropa verbreitet. Darüber hinaus wurde sie weltweit in subtropische und tropische Regionen verschleppt.

Biologie: Die Frucht zerfällt in die 5 Teilfrüchte, diese oder die ganze Frucht haften als Klettfrüchte an den Füßen größerer Huftiere und werden auch durch diese verbreitet (»Trampelkletten«).

J	F	M	A	M	J	J	A	S	O	N	D

Paliurus spina-christi **Christusdorn**

3er-Check

1 Sommergrüner, dorniger Strauch; Blütentrauben blattachselständig

2 Blätter fast 2-zeilig, oben glänzend, mit zwei Nebenblattdornen

3 Frucht scheibenförmig, an einen flachen Hut erinnernd

Merkmale: Bis 3 m. Sommergrüner, vielästiger, dorniger Strauch mit zickzackförmigen, oft überhängenden Zweigen. Blätter fast 2-zeilig stehend, wechselständig, kurz gestielt, bis 4 cm lang, asymmetrisch-eiförmig, oberseits glänzend, unterseits mattgrün. Nebenblätter an der Blattbasis zu 2 Dornen umgewandelt (1 langer, gerader und 1 kurzer, gekrümmter Dorn). Blüten in blattachselständigen Trauben, 5-zählig, gelbgrün, 2 mm groß, zwittrig. Kelchblätter sternförmig, Kronblätter kapuzenartig, Staubblätter 5, Fruchtknoten oberständig. Frucht scheibenförmig, rundum mit einem häutigen, gewellten Flügelrand versehen, an einen flachen Hut erinnernd, gelbbraun, trocken. Kreuzdorngewächse, Rhamnaceae.

Vorkommen: Laubwälder, Gebüsche, felsige Hänge. In weiten Teilen des Mittelmeerraumes vorkommend, jedoch auf Korsika, Sardinien, den Balearen, Kreta und Zypern fehlend. Im Osten bis Zentralasien verbreitet.

Biologie: Der Artname deutet darauf hin, dass die Zweige dieser Pflanze vermutlich für die Dornenkrone Christi verwendet wurden. Der Christusdorn tritt in der Gegend um Jerusalem bestandbildend auf.

J	F	M	A	M	J	J	A	S	O	N	D

Geflecktes Sandröschen *Tuberaria guttata*

1

1 Zierliche, behaarte Pflanze trocken-sandiger Standorte

2 Blüten lang gestielt, Kronblätter an der Basis dunkelbraun gefleckt

3 Stängelblätter gegenständig, sternhaarig; Rosette frühzeitig welk

3er-Check

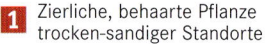

2

3

Merkmale: 5–30 cm. 1-jährige, zierliche, wenig verzweigte, abstehend behaarte Pflanze. Die Blätter der Grundrosette sind zur Blütezeit meist bereits vertrocknet. Stängelblätter gegenständig, untere (wie die Grundblätter) länglich-elliptisch bis verkehrt-eiförmig, obere linealisch-lanzettlich, ungestielt, bis 3 cm lang, oft mit Nebenblättern. Blätter 3-nervig, beiderseits mit Sternhaaren besetzt. Blüten lang gestielt, in lockeren, endständigen Trauben, 1–2 cm breit. Kelchblätter 5, innere 3 größer und breiter als die beiden äußeren, lang behaart. Kronblätter 5, hellgelb, manchmal weißlich, an der Basis dunkelbraun gefleckt. Kapselfrüchte auf abstehenden oder abwärts geneigten Stielen. Zistrosengewächse, Cistaceae.

Vorkommen: Sonnige Standorte auf sandig-trockenen Böden; Grasfluren, Gariques. Die mediterran-atlantische Art ist im gesamten Mittelmeerraum, auf den Kanarischen Inseln und in Teilen Westeuropas (bis Irland) verbreitet.

Biologie: Die Art ist außerordentlich variabel.

J	F	M	A	M	J	J	A	S	O	N	D

Fumana arabica **Arabisches Nadelröschen**

1 Niederliegender oder aufsteigender Zwergstrauch

2 Blüten zu 1–7 an den Zweigenden, bis 15 mm groß

3 Blätter wechselständig, länglich-elliptisch, mit kleinen Nebenblättern

3er-Check

Merkmale: 10–30 cm. Niederliegender oder aufsteigender Zwergstrauch. Blätter wechselständig, 5–12 mm lang und bis 5 mm breit, länglich-elliptisch, drüsig behaart, grün bis graugrün, alle gleich groß, mit kleinen Nebenblättern. Blüten zu 1–7 an den Zweigenden, 10–15 mm groß; Kelchblätter ungleich: 2 äußere klein und schmal, 3 innere größer, häutig, grünnervig. Kapselfrucht 6–8 mm groß, sich mit 3 Klappen öffnend. Zistrosengewächse, Cistaceae.

Vorkommen: Gariguen, Felsheiden, auch Macchien. Kalkböden werden bevorzugt. Im mittleren und östlichen Mediterrangebiet, in Südwestasien und in Nordafrika verbreitet.

Biologie: Die sehr ähnliche Art *Fumana ericoides* unterscheidet sich vom Arabischen Nadelröschen durch das Fehlen von Nebenblättern.

J F **M A M J** J A S O N D

Spritzgurke *Ecballium elaterium*

1 Pflanze niederliegend, steifhaarig; Blätter herzförmig-dreieckig

2 Blüten 1-geschlechtig, blassgelb, trichterförmig, tief 5-teilig

3 Frucht gurkenartig, bis 5 cm lang, rau behaart

3er-Check

Merkmale: Bis 1 m lang. Niederliegende, mehrjährige, krautige, gurkenartige, etwas fleischige, steifhaarige Pflanze. Blätter lang gestielt; Spreite herzförmig bis 3-eckig, stumpf, gezähnt, gewellt, bis 10 cm groß. Blüten 1-geschlechtig, weibliche einzeln in den Blattachseln, männliche zu mehreren in Trauben. Kelch 5-spaltig; Krone blassgelb, tief 5-teilig. 3 Staubblätter oder 5-lappige Narbe, Fruchtknoten unterständig. Frucht zylindrisch-gurkenförmig, bis 5 cm lang, rau- bis steifhaarig. Kürbisgewächse, Cucurbitaceae.

Vorkommen: Ruderalpflanze an Wegrändern, auf Schuttplätzen und Brachland. Im gesamten Mittelmeerraum verbreitet, auf Teneriffa und den Azoren eingeschleppt.

Biologie: Fruchtverbreitungsmechanismus: große, dünnwandige Zellen im Fruchtinneren bilden ein Schwellgewebe, die äußeren Fruchtwandschichten ein elastisch gespanntes Widerstandsgewebe. Ein Trenngewebe am Fruchtstielansatz reißt bei Berührung. Durch den Innendruck wird die Frucht »raketenähnlich weggeschossen«, der flüssige Inhalt samt Samen durch den Rückstoß bis 12 m weit ausgeschleudert. Die Ausbreitung der Samen durch diesen »Explosionsmechanismus« ist außerordentlich effizient.

J	F	M	A	M	J	J	A	S	O	N	D

Opuntia ficus-barbarica **Echter Feigenkaktus**

1 Sukkulente Pflanze mit fleischigen, verkehrt-eiförmigen Flachsprossen

2 Blüten 6–9 cm breit, becherförmig; zahlreiche Kelch- und Kronblätter

3 Frucht feigenartig, 5–9 cm, mit widerhakigen Borsten(polstern)

3er-Check

Merkmale: Bis 5 m. Strauch- manchmal fast baumförmige, stamm-sukkulente Pflanze mit fleischigen Flachsprossen. Stängelglieder 10–50 cm lang, länglich bis verkehrt-eiförmig, festsitzend, nicht leicht abfallend. Blättchen winzig, früh abfallend, in ihren Achseln kleine Polster von widerhakigen Borsten sowie gelegentlich 1–2 kräftige Dornen. Blüten 6–9 cm breit, becherförmig, schwefelgelb bis orangefarben, mit zahlreichen Kron- und Staubblättern. Frucht feigenartig, 5–9 cm, reif gelb bis rotviolett, mit eingesenktem Nabel, wie die Sprossabschnitte mit widerhakigen Borstenpolstern. Samen hart, hell. Kakteengewächse, Cactaceae.

Vorkommen: Trockene, felsige Standorte; die Art ist an extrem aride Bedingungen angepasst. Sie stammt aus dem tropischen Amerika, wurde (möglicherweise von Kolumbus) als Kultur- und undurchdringliche Heckenpflanze im Mittelmeerraum eingeführt und verwilderte. Inzwischen gilt sie als eingebürgert.

Biologie: Die saftigen Früchte sind geschält essbar. Vorsichtiger Umgang ist jedoch wegen der widerhakigen Borsten geboten, die in der Haut Entzündungen auslösen. Das Fruchtfleisch wird auch zur Konfitüreherstellung genutzt.

J	F	M	A	M	J	J	A	S	O	N	D

Schaftlose Primel *Primula vulgaris*

1 Blütendolde fast schaftlos inmitten einer lockeren Blattrosette

2 Blütenkrone 2–4 cm breit, schwefelgelb; Blütenstiele langhaarig

3 Blätter verkehrt-eiförmig bis länglich, unregelmäßig gezähnt

3er-Check

Merkmale: 5–15 cm. Rosettenpflanze; alle Blätter grundständig, verkehrt-eiförmig bis länglich, zur Basis hin verschmälert, unregelmäßig gezähnt, oberseits kahl, unterseits behaart. Inmitten der Blätter entspringt fast schaftlos die Blütendolde. Blütenstiele lang behaart. Blütenkrone 2–4 cm breit, schwefelgelb, im Schlund grünlichgelb; in Südosteuropa und im östlichen Mittelmeergebiet kommen rot blühende Formen, auf den Balearen weiß blühende vor. Kronsaum flach ausgebreitet, Kronzipfel ausgerandet. Primelgewächse, Primulaceae.

Vorkommen: Sommergrüne Wälder und Gebüsche; Obstkulturen; auf nährstoff- und basenreichen, meist kalkfreien Böden. Die submediterran-atlantische Art ist im gesamten Mittelmeerraum, aber auch in weiten Teilen Europas beheimatet (wintermilde Klimate).

Biologie: Die Schaftlose Primel ist eine Halbschatten- bis Lichtpflanze; die Blüten werden durch Insekten bestäubt, die Samen von Ameisen verbreitet. Die Art galt früher als Arzneipflanze.

J	F	M	A	M	J	J	A	S	O	N	D

Jasminum fruticans **Strauchiger Jasmin**

1

3er-Check

1 Rutenstrauch mit scharf 4-kantigen, grünen Zweigen

2 Blüten trichterförmig, mit langer Röhre und 5 stumpfen Zipfeln

3 Blätter immergrün, einfach oder 3-zählig, glänzend

Merkmale: Bis 3 m. Rutenstrauch mit scharf 4-kantigen, grünen Zweigen. Blätter wechselständig, einfach oder 3-zählig, gestielt, bis 3 cm lang, etwas lederig, glänzend grün; Einzelblättchen länglich. Blüten zu 1–5 an den Zweigenden; Krone trichterförmig, mit langer Röhre und 5 stumpfen, ausgebreiteten Zipfeln, bis 15 mm groß. Beerenfrucht schwarz, glänzend. Ölbaumgewächse, Oleaceae.

Vorkommen: Gariques, Gebüsche, lichte Wälder, Hecken; Trockenhänge, vorwiegend auf Kalkböden. Im gesamten Mediterrangebiet sowie in Westasien und Nordafrika verbreitet.

Biologie: Jasmin-Arten liefern seit langer Zeit Rohstoffe zur Parfumherstellung. Die hier dargestellte Art ist diesbezüglich allerdings nicht von Bedeutung, hingegen die aus dem asiatischen Raum stammenden *Jasminum grandiflorum* und *J. officinale* sowie die äußerst wohlriechende Art *Jasminum odoratissimum* von den Kanarischen Inseln und Madeira.

| J | F | M | A | M | J | J | A | S | O | N | D |

Blackstonia perfoliata

Durchwachsenblättriger Bitterling

1 Blüten 6–8-zählig, mit kurzer Röhre

2 Kelch tief in linealische Abschnitte geteilt

3 Stängelblätter gegenständig, basal verwachsen, eiförmig-dreieckig

3er-Check

Merkmale: 10–60 cm. Aufrechte, kahle, graugrüne, meist erst im Blütenstand verzweigte Pflanze. Blätter gegenständig, sitzend; Grundblätter eiförmig, stumpf, an der Basis nicht verwachsen; Stängelblätter eiförmig-dreieckig, basal miteinander verwachsen, spitz. Blüten 6–8- (selten bis 12-)zählig, mit kurzer Röhre und in der Knospe gedrehten, dann ausgebreiteten Zipfeln; Kelch tief in linealische, 1-nervige Abschnitte geteilt. Staubblätter mit der Kronröhre verwachsen. Kapselfrucht. Enziangewächse, Gentianaceae.

Vorkommen: Etwas feuchtere Standorte in Macchien, Wäldern; auch Ruderalstandorte (Brachland, Wegränder); sandige, kalkhaltige Böden werden bevorzugt. Die mediterran-atlantische Art ist im gesamten Mittelmeerraum, auf den Kanaren, in West- und Mitteleuropa (in Deutschland nur im Rheingraben) und in Südwestasien verbreitet.

Biologie: Die Blüten der Wärme liebenden Art werden meist auf dem Wege der Selbstbestäubung bestäubt. Der deutsche Name ist auf den bitteren Geschmack der Pflanze zurückzuführen.

| J | F | M | A | M | J | J | A | S | O | N | D |

Lithospermum apulum **Gelber Steinsame**

1 Rauhaarige, oben doldentraubig verzweigte Pflanze

2 Blüten mit 5-lappigem, behaartem Saum, in dichten Wickeln

3 Stängelblätter sitzend, linealisch, abstehend-borstig behaart

3er-Check

Merkmale: 5–30 cm. Aufrechte, 1-jährige, rauhaarige, oben doldentraubig verzweigte Pflanze. Blätter länglich, vor allem an den Rändern abstehend stechend-borstig behaart. Grundblätter in einen Stiel verschmälert, Stängelblätter sitzend. Blüten in dichten, bis zur Spitze beblätterten Wickeln, die oft zurückgekrümmt sind. Krone röhrenförmig, etwa 6 mm lang, im Schlund behaart, mit kurzem, behaartem, 5-lappigem Saum. Klausenfrucht in 4 1-samige, geschnäbelte, warzige Nüsschen zerfallend. Raublattgewächse, Boraginaceae.

Vorkommen: Steinige Grasfluren, Felsheiden, Garigues. Im gesamten Mittelmeergebiet und auf den zentralen und östlichen Kanarischen Inseln verbreitet.

Biologie: Diverse Steinsamen-Arten wurden früher in manchen Regionen als Mittel zur Empfängnisverhütung eingesetzt. Bestimmte Inhaltsstoffe wirken sich offenbar auf hormonelle Regulationsmechanismen im Fortpflanzungsbereich aus.

| J | F | M | A | M | J | J | A | S | O | N | D |

Große Wachsblume *Cerinthe major*

1 Pflanze blaugrün, mit Wachsüberzug; Blüten nickend, in Wickeln

2 Krone röhrig verwachsen, an der Basis braunviolett

3 Stängelblätter sitzend, am Grund herzförmig stängelumfassend

3er-Check

Merkmale: 15–60 cm. Pflanze 1-jährig, blaugrün, mit Wachsüberzug, fast kahl. Untere Blätter kurz gestielt, breit-spatelförmig, am Rand gewimpert, oft weiß gefleckt. Obere Blätter sitzend, eiförmig, am Grund herzförmig stängelumfassend; bis 6 cm lang. Tragblätter der Blüten eiförmig, meist rot- oder dunkelviolett überlaufen, so lang oder länger als der Kelch. Blüten nickend, in Wickeln; Krone röhrig verwachsen, gelb, an der Basis braunviolett, am Schlund mit braunrotem Ring, bis maximal 3 cm lang und bis 8 mm breit. Kronzipfel sehr kurz, nach außen zurückgebogen, mehr als doppelt so lang wie der Kelch; Staubblätter 5, mit violetten Staubbeuteln. Klausenfrüchte: Der Fruchtknoten zerfällt bei Reife in 2 Paare 1-samiger Nüsschen. Raublattgewächse, Boraginaceae.

Vorkommen: Kultur- und Brachflächen, Ruderalstandorte; oft auf steinigen Böden. Fast im gesamten Mittelmeergebiet verbreitet.

Biologie: In Südosteuropa kommt die ähnliche Art *Cerinthe retorta* mit nur 10–15 mm langen, nach oben gekrümmten, blassgelben, an der Spitze violetten Blütenkronen vor.

J	F	M	A	M	J	J	A	S	O	N	D

Nicotiana glauca **Blaugrüner Tabak**

3er-Check

1 Wenig verzweigter, kahler Strauch; blaugrün durch Wachsschicht

2 Blüten in lockeren Rispen; Krone schmal-röhrenförmig, 5-zipfelig

3 Blätter lang gestielt, spitz-eiförmig, ganzrandig, 5–25 cm lang

Merkmale: 1–6 m. Wenig verzweigter, kahler Strauch, der durch eine Wachsschicht bläulichgrünes Aussehen hat. Blätter wechselständig, lang gestielt, spitz-eiförmig, ganzrandig, 5–25 cm lang. Blüten in lockeren, endständigen Rispen; Kelch röhrig-glockig, bis 15 mm lang, mit 5 etwas ungleichen, spitzen Zähnen. Krone schmal-röhrenförmig, mit kurzem stumpf-fünfzipfeligem Saum, gelb oder gelbgrün, 25–45 mm lang. Staubblätter 5, in der Kronröhre eingeschlossen. Kapselfrucht vielsamig, elliptisch, 7–10 mm lang. Nachtschattengewächse, Solanaceae.

Vorkommen: Ruderalstandorte (Wegränder, Schuttplätze, Brachland); Ruinen; auch als Zierpflanze angepflanzt oder aus Gärten verwildert. Der Blaugrüne Tabak ist im südlichen Südamerika beheimatet; die Art wurde in die südlichen Bereiche des Mittelmeerraumes verschleppt und ist dort seit etwa 1870 eingebürgert.

Biologie: Die Pflanze ist aufgrund ihres Alkaloidgehaltes giftig. Das meist in der Wurzel von *Nicotiana*-Arten gebildete Pyridinalkaloid Nicotin wird in den Blättern akkumuliert; hinzu kommen weitere ähnliche Alkaloide wie das Anabasin. Der Blaugrüne Tabak wird jedoch nicht zur Bereitung von Tabak genutzt.

| J | F | M | A | M | J | J | A | S | O | N | D |

Gewelltblättrige Königskerze

Verbascum sinuatum

2 **1**

1 Pflanze dicht grau- oder gelbfilzig, mit ästigen Blütenständen

2 Blüten gelb, basal rötlich gefleckt; Staubfäden violett-wollig

3 Grundblätter buchtig gelappt, am Rand gewellt, grob gezähnt

3er-Check

3

Merkmale: 50–100 cm. Pflanze 2-jährig, vom Grund an stark verzweigt, kurzfilzig, graugelb behaart; auffällige grundständige Blattrosette. Grundblätter nahezu ungestielt, im Umriss länglich, buchtig gelappt, am Rand gewellt, grob gezähnt, bis 35 cm lang und bis 15 cm breit. Stängelblätter sitzend und meist etwas am Stängel herablaufend, an der Basis breit abgerundet bis herzförmig. Blütenstand ästig, höchstens im Blütenbereich drüsig; Blüten zu 2–5 in den Achseln 3-eckig-herzförmiger Tragblätter; Krone gelb, basal rötlich gefleckt, 5-lappig, 15–30 mm groß; Staubfäden violett-wollig behaart. Rachenblütengewächse, Scrophulariaceae.

Vorkommen: Ruderalpflanze an Wegrändern, auf Schuttplätzen und Ödland. Die typisch mediterrane Art ist im gesamten Mittelmeerraum, auf Madeira und Gran Canaria verbreitet.

Biologie: Die Gattung *Verbascum* hat unter den meist monosymmetrischen Rachenblütengewächsen noch (fast) radiärsymmetrische Blüten. Bei der vorliegenden Art deutet sich die »beginnende« Monosymmetrie dadurch an, dass die beiden vorderen Staubfäden – anders als die übrigen – oben kahl und ihre Staubbeutel quer gestellt sind.

J	F	M	A	M	J	J	A	S	O	N	D

Asphodeline lutea **Gelber Affodill**

1 Kräftiger, bis in den Blütenbereich dicht beblätterter Stängel

2 Blütenhüllblätter sternförmig ausgebreitet, mit grünem Mittelnerv

3 Blätter grasartig, bis 35 cm lang, im Querschnitt 3-eckig

3er-Check

Merkmale: 40–120 cm. Mehrjährige, kahle Pflanze mit kurzem Rhizom, fleischigen Wurzeln und bis in den Blütenbereich dicht beblätterten Stängeln. Blätter linealisch, grasartig, bis 35 cm lang und bis 5 mm breit, im Querschnitt 3-eckig, spitz zulaufend, an der Basis scheidig-stängelumfassend. Blüten in dichter, 10–40 cm langer Traube, goldgelb, duftend; Tragblätter (trocken-)häutig, länger als die etwa in der Mitte gegliederten Blütenstiele; Blütenhüllblätter 6, sternförmig ausgebreitet, mit grünem Mittelnerv. Fruchtkapsel rundlich bis kugelig, 10–15 mm groß. Affodillgewächse, Asphodelaceae.

Vorkommen: Gariguos, trockene Gras- und Felsfluren; auch Macchien. Verbreitungsschwerpunkt im östlichen Mittelmeerraum, westlich bis Italien; Nordafrika.

Biologie: Die Art enthält Chelidonsäure und Steroid-Saponine.

| J | F | M | A | M | J | J | A | S | O | N | D |

Stechender Spargel *Asparagus acutifolius*

1

3er-Check

2

3

1 Halbstrauch; Zweige weißlichgrau, verholzt, ohne Blattdornen

2 Blüten zu 1–4, 6-zählig, gelbgrün, bis 7 mm lang gestielt

3 Büschel von 4–12(40) nadelförmigen Kurztrieben

Merkmale: Bis 2 m. Kriechender oder kletternder Halbstrauch mit sparrigen, weißlichgrauen, verholzten Zweigen. Sprossachse ohne Dornen, Äste papillös-weichhaarig. Blätter klein, schuppenförmig, in ihren Achseln Büschel von 4–12(40) nadelförmigen, bis 7 mm langen, stechenden Kurztrieben (»Phyllokladien«). Blüten 1-geschlechtlich, 2-häusig, zu 1–4, 6-zählig, gelbgrün, bis 7 mm lang gestielt; Blütenhülle glockig, 3–4 mm lang. Beerenfrüchte rot, später schwarz. Spargelgewächse, Asparagaceae.

Vorkommen: Unterwuchs in nicht zu trockenen Wäldern; Gebüsche, Macchien, Garigues. Im gesamten Mediterrangebiet und auf Teneriffa verbreitet.

Biologie: Bei den Phyllokladien handelt es sich um Seitensprosse mit begrenztem Wachstum, die aber blattartig gestaltet sind und die Funktion der Laubblätter (Fotosynthese) übernehmen. Die im Frühjahr sprießenden jungen Triebe der Art werden als Grünspargel gegessen, die älteren grünen Triebe finden als Ziergrün in Blumensträußen und zu Dekorationszwecken Verwendung.

J	F	M	A	M	J	J	A	S	O	N	D

Asparagus stipularis # Schrecklicher Spargel

1 Pflanze graugrün; Kurztriebe als lange, stehende Dornen

2 Blüten zu 2–8, 6-zählig, 4 mm lang; Blütenhülle gelb bis violett

3 Blätter an der Basis der Kurztriebe, zu häutigen Schuppen reduziert

3er-Check

Merkmale: 50-100 cm. Pflanze strauchig, graugrün, scheinbar blattlos, mit kräftigen, 1–5 cm langen, zu dicken, starren, stechenden grünen Dornen umgebildeten Kurztrieben. Dornen einzeln oder zu 2–3 nach allen Seiten abstehend. Stängel fein gerillt. Blätter nur noch als häutige Schuppen an der Basis der Kurztriebe vorhanden. Blüten zu 2–8, 6-zählig, 4 mm lang; Blütenhülle gelb bis violett. Beerenfrüchte blauschwarz, 5–8 mm groß. Spargelgewächse, Asparagaceae.

Vorkommen: Trockene, steinige Orte; Garigues, Wegränder; Mauern, Ruinen. Die Art ist zirkummediterran verbreitet, aber eher auf die südlicheren Regionen beschränkt; sie fehlt in Frankreich, auf Korsika und in Dalmatien. Darüber hinaus kommt sie auf den östlichen Kanarischen Inseln vor.

Biologie: Beim Schrecklichen Spargel sind die Kurztriebe, die die Funktion der Blätter übernehmen (siehe vorige Art), also die Phyllokladien, als kräftige Dornen ausgebildet. Dies ist eine typische Anpassung an aride Standorte, um eventuellem Tierfraß entgegenzuwirken.

J	F	M	A	M	J	J	A	S	O	N	D

Wilde Tulpe *Tulipa sylvestris* ssp. *australis*

1 Zwiebelpflanze mit meist Einzelblüten, als Knospe nickend

2 Blütenhüllblätter schmal-elliptisch, spitz, äußere oft rötlich überlaufen

3 Blätter 2–3, graugrün, schmal-lanzettlich, rinnig

3er-Check

Merkmale: 10–45 cm. Mehrjährige Zwiebelpflanze, oft mit Ausläufern. Stängel maximal 2 mm dick; Blätter 2–3, graugrün, schmal-lanzettlich, bis 20 cm lang, unterstes weniger als 1,2 cm breit; kahl, rinnig. Blüten meist einzeln, als Knospe nickend. Blütenhüllblätter 6, elliptisch bis lanzettlich, spitz, 2–4 cm lang, innen gelb und nicht gefleckt; äußere außen rötlich oder rosafarben überlaufen, schmaler als die inneren. Staubfäden an der Basis verbreitert, bärtig bewimpert, bis 8 mm lang. Liliengewächse, Liliaceae.

Vorkommen: Grasfluren, Felsheiden in den Gebirgen; hauptsächlich auf steinigen Böden. In weiten Teilen des Mittelmeergebietes, jedoch im zentralen Bereich und auf vielen Inseln fehlend.

Biologie: Die Unterart *Tulipa sylvestris* ssp. *sylvestris* mit etwas dickerem Stängel, breiteren Blättern und größeren Blüten mit außen oft grünlich überlaufenen Hüllblättern kommt dagegen im zentralen Mittelmeerraum, auf Korsika, Sardinien und Sizilien vor und wurde weiter nördlich (bis zum 55. Breitengrad) in vielen Gebieten eingebürgert.

J	F	M	A	M	J	J	A	S	O	N	D

Agave americana **Amerikanische Agave**

1 Blattrosette 1–2 m; graugrün, sukkulent; Blütenstand bis 8 m

2 Blüten in Büscheln am Ende der horizontalen Rispenäste

3 Blätter mit starken Randstacheln und sehr kräftigem Endstachel

3er-Check

Merkmale: 3–8 m. Sukkulente Pflanze mit 1–2 m großer Blattrosette. Blätter blaugrün bereift, linealisch-lanzettlich, über 1,5 m lang, am Grund bis 10 cm dick, mit starken Randstacheln und sehr kräftigem, bräunlichem, dornähnlichem, 2–3 cm langem Endstachel. Nach 10–15 Jahren wird ein einziger, bis 8 m hoher Blütenstand in Form einer Rispe gebildet. Blüten gelbgrün, aufrecht, in knäueligen Büscheln am Ende der horizontalen Rispenäste, duftend. Agavengewächse, Agavaceae.

Vorkommen: Steinig-trockene Hänge, meist in Küstennähe; oft auch als Zierpflanze angepflanzt und verwildert. Die Art stammt aus Mittelamerika, gelangte nach der Eroberung Mexikos im 16. Jahrhundert zunächst nach Spanien und wurde von dort im gesamten Mittelmeerraum eingeführt und fast überall kultiviert. Dasselbe geschah auf allen Kanarischen Inseln, den Azoren und Madeira.

Biologie: Die Amerikanische Agave wächst über viele Jahre vegetativ, stirbt dann aber nach nur einmaligem Blühen und Fruchten ab (so genannte hapaxanthe Arten). Die eigentliche Vermehrung erfolgt auf ungeschlechtlichem Wege durch Wurzelsprosse und eine Vielzahl von Tochterpflanzen.

| J | F | M | A | M | J | J | A | S | O | N | D |

Herbst-Goldbecher *Sternbergia lutea*

1

3er-Check

1 Krokusähnliche Pflanze mit Zwiebel; Blüten goldgelb

2 Blüten in der Achsel eines röhrigen Tragblattes

3 Blätter schmal-lanzettlich, bis 12 mm breit, leicht gekielt

Merkmale: 10–30 cm. Mehrjährige, krokusähnliche Zwiebelpflanze. Blätter 4–6, vor oder während der Blütezeit erscheinend, schmal-lanzettlich, bis 12 mm breit, ganzrandig oder am Rand fein gezähnelt, oberseits rinnig, unterseits etwas gekielt. Blüten in der Achsel eines röhrigen Tragblattes auf 4–10 cm langem Schaft; goldgelb, mit kurzer Röhre und 6 länglich-elliptischen Hüllblattzipfeln (bis 4 cm lang und bis 15 mm breit); Staubblätter 6. Kapselfrucht auf zur Fruchtzeit verlängertem Stängel. Amaryllisgewächse, Amaryllidaceae.

Vorkommen: Offene, sonnige Standorte in Garigues, Felsheiden; auch auf extensiv genutztem Weideland; gelegentlich als Zierpflanze kultiviert (und eventuell verwildert); gut durchlässige Böden werden bevorzugt. Zirkummediterrane Verbreitung (häufig in Griechenland); in Südwestasien und z. T. noch weiter östlich vorkommend.

Biologie: Aufgrund der prächtigen Blüten wird der Herbst-Goldbecher gern als Steingartenpflanze kultiviert.

J	F	M	A	M	J	J	A	S	O	N	D

Anagyris foetida **Stinkstrauch**

1 Strauch dornenlos, übel riechend;
Blütentrauben kurz, büschelig

2 Schiffchen doppelt so lang wie
die oft dunkel gefleckte Fahne

3 Blätter gestielt, 3-zählig; Fiedern
elliptisch-lanzettlich, bis 7 cm lang

3er-Check

Merkmale: 1–4 m. Dornenloser, übel riechender Strauch; junge
Zweige fein behaart. Blätter deutlich gestielt, 3-zählig; Fiederblätter elliptisch-lanzettlich, bis 7 cm lang, 1–3 cm breit, sitzend,
unterseits weichhaarig. Nebenblätter verwachsen, bis 10 mm lang.
Blüten in kurzen, büscheligen Trauben, 15–30 mm lang, gelb bis
gelblichgrün; Kelch glockig, 5-zähnig, bis 10 mm lang, angedrückt
behaart; Schiffchen doppelt so lang wie die oft dunkel gefleckte
Fahne; Flügel linealisch. Staubblätter 10, frei; Narbe kopfig. Hülsenfrucht 10–18 cm lang, abgeflacht, gekrümmt, kahl. Schmetterlingsblütengewächse, Fabaceae.

Vorkommen: Felsige, trockene Hänge, Macchien; Weg- und Straßenränder, Ruinen; besonders auf Kalkböden. Fast im gesamten Mittelmeergebiet; östlich bis zum Irak verbreitet.

Biologie: Der unangenehme Geruch tritt schon in der Nähe der
Pflanzen in Erscheinung; auch durch dieses Merkmal ist die Art
leicht von anderen strauchförmigen Schmetterlingsblütlern zu unterscheiden.

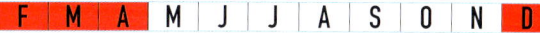

| J | F | M | A | M | J | J | A | S | O | N | D |

Behaarter Dornginster *Calicotome villosa*

1 Strauch sparrig verzweigt, dornig; Blüten zu 2–15 in Büscheln

2 Oberer Teil des Kelches bleibt anfangs als Hütchen auf der Krone

3 Blätter 3-zählig, gestielt, unterseits seidig-wollig behaart

3er-Check

Merkmale: 0,5–3 m. Sparrig verzweigter, dorniger Strauch; junge Zweige behaart. Blätter gestielt, 3-zählig; Fiederblätter verkehrt-eiförmig, bis 12 mm lang und bis 5 mm breit, unterseits seidig-wollig behaart. Blüten zu 2–15 in Büscheln oder blattlosen Trauben, 12–18 mm lang. Beim Aufblühen wird der Kelch zerteilt, der obere Teil bleibt als Hütchen auf der Blütenkrone (vgl. wissenschaftlichen Gattungsnamen *Calicotome* = »Kelchzerteiler«). Schiffchen kürzer als Fahne und Flügel. Hülsenfrucht länglich-schmal, meist dicht behaart, mit verdickter Naht, 25–40 mm lang. Schmetterlingsblütengewächse, Fabaceae.

Vorkommen: Macchien; auf trockenen, steinigen, eher sauren Böden; oft nach Kahlschlägen von Wäldern oder Brandeinwirkung dominierend. In weiten Teilen des Mediterrangebietes, jedoch nicht in Frankreich und auf den Balearen vorkommend.

Biologie: Im Sommer trifft man die Pflanze meist bereits ohne Blätter an. Auf diese Weise wird auf extrem ariden Standorten die transpirierende Oberfläche verkleinert und Wasser gespart. Die kräftigen Dornen und giftige Inhaltsstoffe schützen die Pflanze vor Verbiss durch Weidevieh (»Ziegentöter«).

J	F	M	A	M	J	J	A	S	O	N	D

Genista acanthoclada **Dorniger Ginster**

1 Strauch niedrig, dichtwüchsig; Zweige in Dornen endend

2 Blüten einzeln; Fahne kürzer als das Schiffchen, seidenhaarig

3 Blätter 3-zählig, Fiedern schmal-lanzettlich, 5–10 mm lang

3er-Check

Merkmale: 30–100 cm. Niedriger, dichtwüchsiger Strauch mit gegenständigen, in kräftigen Dornen endenden Zweigen; ältere Zweige an den Blattbasen auffällig verdickt. Blätter 3-zählig, anliegend behaart; Fiederblättchen schmal-lanzettlich, 5–10 mm lang und bis 3 mm breit. Blüten einzeln in den Tragblattachseln am Ende der Zweige, gelb, bis 12 mm lang. Kelch 2-lippig, behaart. Fahne kürzer als das Schiffchen, seidenhaarig, 6–10 mm lang. Hülsenfrucht eiförmig, knapp 1 cm lang, seidenhaarig. Schmetterlingsblütengewächse, Fabaceae.

Vorkommen: Garigues, Macchien, Kiefernwälder; trockene Felsfluren. Im östlichen Mittelmeergebiet (Griechenland, Türkei, Syrien, Teile Nordafrikas) verbreitet.

Biologie: Auch bei dieser Art sind die stark reduzierten Blätter, die Fotosynthese betreibenden Sprossachsen und die starke Dornenentwicklung Anpassungserscheinungen an aride Bedingungen.

| J | F | M | A | M | J | J | A | S | O | N | D |

Pfriemenginster *Spartium junceum*

1 Schlanker Rutenstrauch; Zweige grau- bis blaugrün, kahl, rund

2 Blüten bis 25 mm lang; Flügel kürzer als Fahne und Schiffchen

3 Blätter ungeteilt, linealisch-lanzettlich, nur an den jungen Zweigen

3er-Check

Merkmale: 1–4 m. Schlanker, dornenloser Rutenstrauch mit grau- bis blaugrünen, kahlen, binsenartigen Zweigen. Nur wenige Blätter an den jungen Zweigen, bald abfallend. Blätter ungeteilt, linealisch-lanzettlich, oberseits kahl, unterseits seidenhaarig. Blüten in kurzen, endständigen Trauben, leuchtend gelb, bis 25 mm lang, angenehm duftend. Fahne senkrecht aufgerichtet, Flügel nach vorn gerichtet, kürzer als Fahne und Schiffchen. Hülsenfrucht flach, 2-klappig, 5–8 cm lang, anfangs seidig behaart, später kahl, schwarzbraun und schraubig gedreht. Schmetterlingsblütengewächse, Fabaceae.

Vorkommen: Macchien, Garigues; oft als Zierstrauch kultiviert und verwildert; Straßenränder; vorzugsweise auf Kalkböden. Im gesamten Mediterrangebiet verbreitet; auf den Kanaren, Azoren und Madeira eingebürgert.

Biologie: Anpassungsmerkmale an Trockenheit (Xeromorphosen) sind: geringe Blattzahl und -fläche, assimilierende Sprossachsen. Die Pflanze enthält das giftige Alkaloid Spartein, das aufgrund seiner chinidinähnlichen Wirkung zur Therapie von Herzrhythmusstörungen eingesetzt werden kann.

J	F	M	A	M	J	J	A	S	O	N	D

Colutea arborescens **Blasenstrauch**

1 Sommergrüner Strauch; Blätter unpaarig gefiedert; Fiedern 7–13

2 Blüten zu 2–8; Kelch weit glockig, Fahne oft rotbraun gestreift

3 Hülsenfrucht stark aufgeblasen, reif pergamentartig, bis 7 cm lang

3er-Check

Merkmale: 1–6 m. Sommergrüner Strauch mit aufgelockertem Habitus; Zweige zunächst behaart, später kahl. Blätter unpaarig gefiedert, mit 7–13 kurz gestielten, breit-elliptischen, ganzrandigen Fiederblättern. Blüten zu 2–8 in aufrechten, gestielten Trauben in den Blattachseln; Kelch weit glockig, schwach 2-lippig; Krone bis 2 cm, Fahne oft rotbraun gestreift, Schiffchen stumpf. Hülsenfrucht stark aufgeblasen, reif pergamentartig, hellbraun, bis 7 cm lang und 3 cm dick. Schmetterlingsblütengewächse, Fabaceae.

Vorkommen: Submediterrane Pflanze in sommergrünen Laubwäldern und Gebüschen; Macchien; auch in Kiefernwäldern. Vorzugsweise auf steinigen Kalkböden. Von der Iberischen Halbinsel auf der südeuropäischen Seite des Mittelmeeres bis Griechenland. Wie andere submediterrane Arten dringt auch der Blasenstrauch bis nach Mitteleuropa vor (bis zum Oberrheingraben und bis Österreich). Er wird auch als Zierstrauch angepflanzt und verwildert gelegentlich.

Biologie: Blätter und Samen enthalten Gift- und Bitterstoffe.

J	F	M	A	M	J	J	A	S	O	N	D

Blütenfarbe gelb. Blüten monosymmetrisch

Bastard-Wicke *Vicia hybrida*

1 Niederliegende oder kletternde Wicken-Art; Blüten einzeln

2 Blüten blassgelb, langröhrig; Fahne auf der Rückseite seidig behaart

3 3–8 Paare elliptisch-eiförmiger Fiederblätter; verzweigte Ranken

3er-Check

Merkmale: 20–60 cm. 1-jährige, niederliegende oder kletternde, weich behaarte bis kahle Pflanze. Blätter mit 3–8 Paaren elliptisch-eiförmiger Fiederblätter und endständiger, verzweigter Ranke. Blüten einzeln in den Blattachseln, nur sehr kurz gestielt, blassgelb, 18–30 mm lang. Fahne auf der Rückseite seidig behaart, oft purpurn geadert. Kelchzähne unterschiedlich lang. Hülsenfrucht langhaarig, bräunlich, bis 4 cm lang. Schmetterlingsblütengewächs, Fabaceae.

Vorkommen: Kultur- und Ruderalflächen (Brachland, Wegränder); Grasfluren, Hecken. Die Art ist zirkummediterran und im südwestlichen Asien verbreitet.

Biologie: Eine weitere gelb blühende Wickenart ist die im gesamten Mittelmeerraum und auf den mittelatlantischen Inseln verbreitete **Gelbe Wicke** *(Vicia lutea)* mit 20 mm langen, gelben bis weißlichen, oft violett getönten Blüten und sehr spitzen, lanzettlichen Fiederblättern. Die ganze Pflanze ist abstehend weich behaart.

J	F	M	A	M	J	J	A	S	O	N	D

Lathyrus aphaca **Ranken-Platterbse**

1 Pflanze, blaugrün, kahl, mit 4-kantigem Stängel; verzweigte Ranken

2 Blüten hellgelb, lang gestielt; Fahne länger als Flügel und Schiffchen

3 Nebenblätter groß, blattartig, gegenständig mit pfeilförmiger Basis

3er-Check

Merkmale: 20–80 cm. 1-jährige, kahle, blaugrüne, kletternde Pflanze mit dünnem, flügellosem, 4-kantigem, an der Basis meist verzweigtem Stängel. Blätter zu (einfachen oder) verzweigten Ranken umgebildet; Nebenblätter hingegen blattartig, breit-eiförmig, gegenständig, bis 5 cm lang und 4 cm breit, mit pfeilförmiger Basis. Blüten meist einzeln, hellgelb, 2–5 cm lang gestielt; Krone 6–18 mm lang; Fahne rundlich, ausgerandet, länger als Flügel und Schiffchen. Kelchzähne doppelt so lang wie die Kelchröhre. Hülsenfrucht 20–30 mm lang und bis 8 mm breit, flach, kahl, aufrecht abstehend. Schmetterlingsblütengewächse, Fabaceae.

Vorkommen: Kultur- und Brachflächen, häufig in Getreidefeldern und an Wegrändern; auch in Gariques, Grasfluren, lichten (Pinien-)Wäldern. Mediterran-submediterrane Art (gesamtes Mittelmeergebiet, Kanaren, Azoren, Madeira; Südwestasien).

Biologie: Bei der Ranken-Platterbse ist die Blattfläche der eigentlichen Laubblätter weitestgehend reduziert: vom Oberblatt bleibt nur noch die Blattspindel (Rhachis) als Ranke übrig. Die überdimensional ausgebildeten Nebenblätter übernehmen die Aufgabe der Fotosynthese.

| J | F | M | A | M | J | J | A | S | O | N | D |

Gelbe Hauhechel *Ononis natrix*

3er-Check

1 Reich verzweigte, dicht drüsenhaa-
rige, klebrige Pflanze

2 Blüten in lockeren Trauben; Krone
rot oder violett geadert

3 Blätter meist 3-zählig; Fiedern
schwach gezähnt

Merkmale: 20–80 cm. Mehrjährige, reich verzweigte, dicht drüsen-
haarige, klebrige Pflanze. Stängel an der Basis verholzt. Blätter
meist 3-zählig (Ausnahmen: oberste sind einfach, untere manchmal 5-zählig), gestielt. Fiederblätter variabel, schmal-lanzettlich,
elliptisch oder eiförmig, schwach gezähnt; Nebenblätter eiförmig-
lanzettlich, kürzer als der Blattstiel. Blüten einzeln an gegliederten
Stielen, in lockeren, beblätterten Trauben, gelb; Krone 6–20 mm
lang, rot oder violett geadert. Kelchzähne 2–4-mal so lang wie die
Kelchröhre. Hülsenfrucht 10–25 mm lang, zylindrisch, hängend,
drüsig behaart. Schmetterlingsblütengewächse, Fabaceae.

Vorkommen: Sandige bis steinige Standorte an Stränden, Wegrändern, auf Brachland, in Ruderalgesellschaften; auch in Garigues.
Kalkhaltige Böden werden bevorzugt. Zirkummediterrane Verbreitung mit Schwerpunkt im westlichen Mittelmeergebiet.

Biologie: Auf der Iberischen Halbinsel und im nordwestlichen Afrika treten 40 bzw. 50 unterschiedliche *Ononis*-Arten auf (»Mannig-
faltigkeitszentrum«), im östlichen Mittelmeergebiet finden sich
noch 10–17 Arten; nach Norden und Osten nimmt die Artenzahl
rasch ab (Mitteleuropa 2–5, Südskandinavien 1–3 Arten).

J	F	M	A	M	J	J	A	S	O	N	D

Trigonella balansae **Balansas Bockshornklee**

1

1 6–20 Blüten in lang gestielten Trauben; Blätter 3-zählig, gezähnt

2 Flügel und Schiffchen etwa gleich lang; Kelch kurz-glockig

3 Hülse länglich, zusammengedrückt, sichelartig nach außen gekrümmt

3er-Check

Merkmale: 5–30 cm. 1-jährige, niederliegende bis aufsteigend-aufrechte Pflanze. Blätter 3-zählig, oberseits kahl, unterseits fein behaart; Fiederblätter verkehrt-eiförmig, gezähnt; Nebenblätter scharf gezähnt. Blüten zu 6–20 in lang gestielten, die Blätter deutlich überragenden, kugeligen Trauben; Krone leuchtend (gold)gelb, 5–8 mm lang; Flügel und Schiffchen etwa gleich lang; Kelch kurz-glockig. Hülsenfrucht länglich, zusammengedrückt, sichelartig nach außen gekrümmt. Schmetterlingsblütengewächse, Fabaceae.

Vorkommen: Kulturflächen, brachliegende Felder; Wiesen. Von der Iberischen Halbinsel bis nach Griechenland und Kleinasien sowie in Nordafrika vorkommend.

Biologie: Der Name »Bockshornklee« leitet sich von den linealischen, mehr oder weniger gebogenen Hülsenfrüchten ab. Das Entfaltungszentrum (vgl. S. 96) der Gattung *Trigonella* liegt im Vorderen Orient.

| J | F | M | A | M | J | J | A | S | O | N | D |

Strauch-Schneckenklee *Medicago arborea*

1 Junge Zweige weiß-seidenhaarig, dicht beblättert; Blüten zu 4–10

2 Fruchthülse spiralig gedreht, flach, in der Mitte ein Loch frei lassend

3 Blätter 3-zählig, gestielt, Fiedern verkehrt-eiförmig

3er-Check

Merkmale: 1–4 m. Dicht beblätterter Strauch mit weiß-seidenhaarigen jungen Zweigen. Blätter 3-zählig, deutlich gestielt, unterseits seidig behaart; Blattfiedern verkehrt-eiförmig, am Grund keilförmig. Blüten zu 4–10 in blattachselständigen, fast köpfchenförmigen Trauben; Krone bis 15 mm lang, goldgelb; Kelch 5-zähnig, glockenförmig. Fruchthülse 1–1,5-mal spiralig gedreht, flach zusammengedrückt, in der Mitte ein Loch frei lassend; netznervig, 12–15 mm im Durchmesser. Schmetterlingsblütengewächse, Fabaceae.

Vorkommen: Vorwiegend an Felsküsten; felsig-steinige (Kalk-) Böden der Tieflagen in Meeresnähe. Die Art wird oft als Zierpflanze kultiviert und gilt in manchen Regionen als eingebürgert. Das Areal erstreckt von der Iberischen Halbinsel bis an die Ostküste des Mittelmeeres; Nordafrika gehört nicht dazu.

Biologie: Der Strauch-Schneckenklee ist die einzige strauchförmige Art der Gattung *Medicago* im Mittelmeerraum. Dort liegt auch das Entfaltungszentrum der Gattung; es reicht von der Atlantikküste der Iberischen Halbinsel bis zum Kaspischen Meer, von Marokko bis Israel.

J	F	M	A	M	J	J	A	S	O	N	D

Medicago orbicularis **Scheiben-Schneckenklee**

1 Niederliegende Pflanze mit kleinen Blütentrauben; Stängel gerillt

2 Hülse flach-scheibenförmig, mit 4–6 Windungen, ohne Stacheln

3 Blätter 3-zählig, gestielt; Fiedern verkehrt-eiförmig, vorn gezähnelt

3er-Check

Merkmale: 10–80 cm. 1-jährige, kahle oder mehr oder weniger behaarte, niederliegende Pflanze mit gerillt-kantigen Stängeln. Blätter 3-zählig, 1–5 cm lang gestielt; Fiederblätter verkehrt-eiförmig bis herzförmig, mit keilartiger Basis, vorn deutlich gezähnelt. Blüten zu 1–5 in kleinen gestielten Trauben, der Stiel kürzer als das jeweilige Tragblatt; Krone 2–5 mm lang, gelb; Fahne etwas länger als das Schiffchen, Flügel von allen Kronblättern am kürzesten. Kelch röhrig-glockig. Hülsenfrucht flach-scheibenförmig, mit 4–6 Windungen, 10–17 mm im Durchmesser, ohne Stacheln, Nervatur undeutlich. Schmetterlingsblütengewächse, Fabaceae.

Vorkommen: Kulturflächen, Ruderalstandorte (Wegränder, Brachland, Schuttflächen), Gariques. Die typisch mediterrane Art ist zirkummediterran verbreitet; ihr Areal reicht östlich bis Afghanistan und zum Schwarzen Meer, im Westen bis zu den Kanaren und Madeira, nördlich bis Zentralfrankreich.

Biologie: Die Anzahl der *Medicago*-Arten im mediterranen Entfaltungszentrum (vgl. S. 98) schwankt zwischen 15 und 30 in den jeweiligen Mittelmeeranrainerstaaten. Die größte Artenvielfalt tritt im östlichen Mittelmeerraum auf.

J	F	M	A	M	J	J	A	S	O	N	D

Strand-Schneckenklee *Medicago marina*

1 Dicht silberweiß behaarte Sandstrandpflanze; Blätter 3-zählig

2 Blüten zu 5–12; Fahne länger als Flügel und Schiffchen

3 Hülsen wollig behaart mit 2–3 Windungen, in der Mitte mit Loch

3er-Check

Merkmale: 10–50 cm. Mehrjährige, dicht silberweiß-wollig behaarte Pflanze mit niederliegend-kriechenden bis aufsteigenden Stängeln. Blätter wechselständig, gestielt, 3-zählig; Fiederblätter breiteiförmig, mit keilförmiger Basis, vorn kurz zugespitzt, bis 11 mm lang; Nebenblätter eiförmig, meist fast ganzrandig, spitz. Blüten zu 5–12 in sehr kurz gestielter, kopfiger Traube; Krone 6–10 mm lang, blass-, schwefel- oder orangegelb; Fahne länger als Flügel und Schiffchen; Kelch röhrenförmig, bis 6 mm lang. Hülsenfrucht dicht wollig behaart, schneckenförmig, mit 2–3 Windungen, in der Mitte mit Loch, auf dem Rücken mit 2 Reihen kurzer Stacheln. Schmetterlingsblütengewächse, Fabaceae.

Vorkommen: Sandstrände, Dünen. Die mediterran-atlantische Art ist entlang der Küsten des Mittelmeeres, des Schwarzen Meeres und des Atlantiks (bis zur Bretagne) sowie auf den Kanaren (Teneriffa) verbreitet.

Biologie: Die stacheligen Fruchthülsen vieler *Medicago*-Arten unterstützen als eine Art Kletteinrichtung die Verbreitung: die Früchte bleiben am Haar- oder Federkleid haften und werden auf diese Weise verfrachtet.

| J | F | M | A | M | J | J | A | S | O | N | D |

Lotus cytisoides # Geißkleeartiger Hornklee

1 Pflanze rasig, niederliegend bis aufsteigend, reich verzweigt

2 Blüten zu 2–6 in lang gestielten Köpfen; Fahne ausgerandet

3 Blätter 5-zählig, die beiden unteren Teilblätter deutlich kleiner

3er-Check

Merkmale: 20–30 cm. Mehrjährige, reich verzweigte, rasig oder flach-polsterförmig wachsende, niederliegende bis aufsteigende Pflanze. Blätter oft fleischig, 5-zählig, die beiden unteren Fieder-blätter deutlich kleiner, nebenblattartig. Blüten zu 2–6 in lang gestielten Köpfen, 8–14 mm lang; Fahne ausgerandet, Schiffchen kürzer als Flügel, mit kurzem, gebogenem, gelegentlich dunkel purpurfarbenem Schnabel. Kelch 2-lippig, mit ungleichen Zähnen. Hülsenfrucht linealisch-zylindrisch, gerade oder schwach ge-krümmt, 2–5 cm lang. Schmetterlingsblütengewächse, Fabaceae.

Vorkommen: Meist in Küstennähe auf felsigen bis steinigen, hin und wieder auch auf sandigen Standorten. Die Art ist fast im gesamten Mittelmeerraum verbreitet.

Biologie: Sehr ähnlich ist der an vergleichbaren Stellen wachsende **Kretische Hornklee** *(Lotus creticus),* dessen Blätter silbern behaart sind. Auch im Blütenbau gibt es Unterschiede: Das Schiffchen ist länger als die Flügel; es besitzt einen langen, nicht gebogenen, pur-purfarbenen Schnabel. Diese ebenfalls mediterrane Art kommt außerhalb des Mittelmeerraumes noch auf den Azoren und Kana-ren vor.

| J | F | M | A | M | J | J | A | S | O | N | D |

Blasen-Wundklee

Tripodion tetraphyllum
Syn.: *Physanthyllis tetraphylla*

1 Niederliegende Pflanze; Blätter unpaarig gefiedert, Endfieder größer

2 Blüten zu 1–8; Fahne heller, Flügel dunkler gelb

3 Kelch dicht seidig behaart, rötlich, zur Fruchtzeit deutlich aufgeblasen

3er-Check

Merkmale: Bis 50 cm lang. 1-jährige, niederliegende bis aufsteigende, graugrüne Pflanze mit gefurchten und abstehend behaarten, oft rötlich gefärbten Stängeln. Blätter unpaarig gefiedert mit maximal 5 Fiederblättern; die meist verkehrt-eiförmige Endfieder ist deutlich größer als die seitlichen Fiederblättchen; beiderseits behaart. Blüten zu 1–8 knäuelig in den Blattachseln; Krone bis 20 mm lang; Fahne weißlich- bis schwefelgelb, Flügel dunkler gelb, Schiffchen an der Spitze oft etwas rötlich. Kelch dicht seidig behaart, rötlich; zur Fruchtzeit deutlich aufgeblasen, dann bis 20 mm lang und bis 12 mm breit. Hülsenfrucht 2-samig, eingeschnürt. Schmetterlingsblütengewächse, Fabaceae.

Vorkommen: Ruderalstandorte (Wegränder, Brachland), Kulturland (u. a. in Ölbaumhainen); Garigues. Zirkummediterrane Verbreitung.

Biologie: Die vorliegende Art wurde früher der Gattung *Anthyllis* (Wundklee), später der Gattung *Physanthyllis* zugeordnet und wird nunmehr nach neueren Erkenntnissen unter der Gattung *Tripodion* geführt.

J	F	M	A	M	J	J	A	S	O	N	D

Coronilla emerus **Strauchige Kronwicke**

1 Strauch sommergrün; Zweige kantig; Blätter unpaarig gefiedert

2 Blüten nickend; Nagel der Kronblätter den Kelch weit überragend

3 Hülsenfrüchte länglich-zylindrisch, etwas eingeschnürt

3er-Check

Merkmale: 0,5–2 m. Sommergrüner Strauch mit kantigen, grünen Zweigen. Blätter unpaarig gefiedert, kahl, mit 5–9 verkehrt-eiförmigen, grünen bis mattgraugrünen, bis 2 cm langen Fiederblättern. Blüten zu mehreren, nickend, 14–20 mm lang; Kronblätter »genagelt«, Nagel den Kelch weit überragend (2–3-mal so lang!). Hülsenfrüchte länglich-zylindrisch, 5–11 cm lang, hängend, gerade; kaum eingeschnürt, bei der Reife in Einzelabschnitte zerfallend (»Gliederhülse«). Schmetterlingsblütengewächse, Fabaceae.

Vorkommen: Sonnige, warme Trockenhänge, Gebüsche, lichte Wälder und Waldsäume. Das Areal dieser submediterranen Art erstreckt sich von Nordostspanien über die südeuropäischen Länder bis nach Kleinasien sowie nach Nordafrika (Tunesien).

Biologie: Früher hatte die Art als Heilpflanze praktische Bedeutung (die Blätter enthalten einen Bitterstoff). Die Blüten werden durch Hautflügler bestäubt. Die Strauchige Kronwicke tritt in 2 Unterarten auf: ssp. *emerus* mit 1–5 Blüten pro Blütenstand, Blütenstandstiele etwa so lang wie die Blätter (Iberische Halbinsel bis zum Balkan); ssp. *emeroides* mit bis zu 8 Blüten, Blütenstandstiele deutlich länger (Süditalien bis Südwestasien).

| J | F | M | A | M | J | J | A | S | O | N | D |

Stacheliger Skorpionsschwanz
Scorpiurus muricatus

1 Blätter ungeteilt, spatelig, in den Stiel verschmälert, 3–10 cm

2 Blüten zu 2–5, in lang gestielten Köpfchen in den Blattachseln

3 Hülse unregelmäßig spiralig, Längsrippen mit Höckern oder Stacheln

3er-Check

Merkmale: 5-60 cm. 1-jährige, kahle oder zerstreut behaarte Pflanze mit niederliegenden bis aufsteigenden Stängeln. Blätter ungeteilt, spatelig, in den Stiel verschmälert, 3–10 cm lang und bis 2 cm breit; 3-5-nervig. Blüten zu 2–5 in lang gestielten, köpfchenartigen Blütenständen in den Blattachseln. Kelch glockig, bis 4 mm lang, Kelchzähne scharf zugespitzt; Krone 5–10 mm lang, sattgelb. Hülsenfrucht unregelmäßig spiralig gewunden, mit 8 deutlich erkennbaren Längsrippen, die äußeren tragen Höcker und spitze Stacheln. Schmetterlingsblütengewächse, Fabaceae.

Vorkommen: Offene, trockene Kulturflächen und Ruderalstandorte (Wegränder, Ödland); Trockenrasen, Garigues. Fast im gesamten Mediterrangebiet verbreitet, außerdem auf den Kanarischen Inseln und Madeira.

Biologie: Wissenschaftlicher und deutscher Name sind auf die eigenartige Gestalt der Hülsenfrüchte zurückzuführen.

| J | F | M | A | M | J | J | A | S | O | N | D |

Ajuga chamaepitys **Gelber Günsel**

1 Lippenblüten zu 1–2, gelb, braunrot gezeichnet

2 Oberlippe sehr kurz, Mittellappen
der Unterlippe groß, ausgerandet

3 Blätter dicht stehend, tief 3-teilig,
schmal-linealische Abschnitte

3er-Check

Merkmale: 5–20 cm. 1- bis mehrjährige, an der
Basis meist verzweigte, kahle bis dicht zottig
behaarte, aromatisch duftende Pflanze. Blätter
dicht stehend, tief 3-teilig, mit 1–2 cm langen, bis
3 mm breiten linealischen Abschnitten. Blüten
meist zu 1–2, gelb, braunrot gezeichnet; Kronröhre etwa so lang wie der Kelch, innen mit Haarring.
Oberlippe sehr kurz, Unterlippe 3-lappig, mit
großem, ausgerandetem Mittellappen. Staubfäden
behaart. Lippenblütengewächse, Lamiaceae.

Vorkommen: Ruderalgesellschaften in Äckern und Weinbergen;
Trockenrasen; kalkhaltige, sandig-steinige Lehm- oder Lössböden
werden bevorzugt. Die submediterrane Art ist fast im gesamten
Mittelmeerraum, nach Osten bis Zentralasien und im südlichen
Mitteleuropa (seit langer Zeit regional in wärmeren Lagen einge-
bürgert) verbreitet.

Biologie: Die Blüten der Wärme liebenden Art werden hauptsächlich von Bienen bestäubt, die Verbreitung der Klausenfrüchte
erfolgt durch Ameisen.

J	F	M	A	M	J	J	A	S	O	N	D

Strauchiges Brandkraut *Phlomis fruticosa*

1 Drüsenloser Strauch; Blüten in 14–36-blütigen Scheinquirlen

2 Krone außen behaart; Oberlippe helmartig, Unterlippe 3-lappig

3 Blätter eiförmig-lanzettlich, gestielt, lederig, unterseits weißfilzig

3er-Check

Merkmale: Bis 1,3 m. Kräftiger, buschig wachsender, filzig-weich behaarter, drüsenloser Strauch. Blätter gegenständig, eiförmig-lanzettlich bis elliptisch, ganzrandig oder gekerbt, untere bis 4 cm lang gestielt, etwas lederig, oberseits grün, unterseits weißfilzig. Blüten zu 14–36 in Scheinquirlen in den (Hoch-)Blattachseln; auffällig sind die 10–20 mm langen, bis 7 mm breiten, zugespitzten, weißfilzigen Vorblätter (Brakteen). Kelch sternhaarig-wollig; Krone 2–3,5 cm lang, außen behaart. Oberlippe helmartig, zur 3-lappigen Unterlippe herabgebogen; Staubblätter 4. Lippenblütengewächse, Lamiaceae.

Vorkommen: Garigues, Felsheiden; auf trockenen, steinigen Böden. Von Südfrankreich bis ins östliche Mittelmeergebiet, von Sardinien bis Zypern verbreitet.

Biologie: Das Strauchige Brandkraut, auch Strauchnessel genannt, wird als Zierpflanze geschätzt und vielerorts in Gärten kultiviert. Sie gehört zu den winterhärtesten Arten der Gattung *Phlomis*.

| J | F | M | A | M | J | J | A | S | O | N | D |

Hyoscyamus albus **Weißes Bilsenkraut**

3er-Check

1	Pflanze dicht drüsig behaart; Blütenähren einseitswendig
2	Blüten gelbweiß, glockig, fast radiär; im Rachen braunpurpurn
3	Blätter gestielt, eiförmig, stumpf-buchtig gezähnt

Merkmale: 20–80 cm. 1-, 2-, oder mehrjährige, aufrechte, dicht drüsig-wollig behaarte, klebrige Pflanze mit unangenehmem Geruch. Blätter wechselständig, lang gestielt, eiförmig, stumpf-buchtig gezähnt. Blüten in dichten, einseitswendigen Ähren, in der Achsel laubblattartiger Tragblätter sitzend; Krone fast radiärsymmetrisch, röhrig-glockig, mit 5-lappigem Saum, gelbweiß, im Rachen braunpurpurn oder grün. Staubblätter nur wenig aus der Krone herausragend. Kelch glockig, 5-zähnig, drüsig behaart. Vielsamige Kapselfrüchte. Nachtschattengewächse, Solanaceae.

Vorkommen: Schuttplätze, Mauern, Ruinen; Felsen. Meist in Siedlungsnähe. Die submediterran-eurasiatische Art ist im gesamten Mittelmeerraum verbreitet; das Areal erstreckt sich im Westen bis zu den Kanaren, Azoren und Madeira, im Osten bis Südrussland und Irak; weltweit verschleppt.

Biologie: Die Pflanze ist stark giftig, sie enthält Tropan-Alkaloide. Das Hyoscyamin (zusammengesetzt aus Tropin und Tropasäure) ist wie das Atropin der Tollkirsche als Arzneimittel von Bedeutung: Beide sind parasympatholytisch wirksame Substanzen, die als Spasmolytika eingesetzt werden.

J	F	M	A	M	J	J	A	S	O	N	D

Klebrige Parentucellie *Parentucellia viscosa*

1 Pflanze drüsig-klebrig, Stängel 4-kantig; Blütenstand ährig

2 Blüten 2-lippig; Oberlippe kurz, helmförmig, Unterlippe 3-lappig

3 Blätter gegenständig, sitzend, länglich-lanzettlich, gekerbt bis gesägt

3er-Check

Merkmale: 10–50 cm. 1-jährige, in der Regel unverzweigte, hellgrüne, aufrechte, drüsig-klebrige Pflanze mit 4-kantigem Stängel. Blätter gegenständig, sitzend, länglich-lanzettlich, gekerbt bis gesägt, zugespitzt. Blüten in 4-seitigem, locker-ährenartigem, endständigem Blütenstand, 2-lippig, gelb (selten weiß). Krone bis 25 mm lang, Kronröhre schlank; Oberlippe kurz, helmförmig, Unterlippe länger, 3-lappig. Kelch röhrenförmig, 10–16 mm lang; Kelchzähne linealisch-lanzettlich, etwa so lang wie die Kelchröhre. 2 längere und 2 kürzere Staubblätter. Kapselfrucht länglich, behaart. Rachenblütengewächse, Scrophulariaceae.

Vorkommen: Frische, wechselfeuchte Grasfluren; Wiesen, Brachflächen, auch auf steinigen Böden. Das Areal dieser mediterranatlantischen Art erstreckt sich fast über den gesamten Mittelmeerraum, bis zu den Kanaren, Azoren und Madeira, im Nordwesten bis Schottland, im Osten bis zum Iran.

Biologie: Bei der vorliegenden Art handelt es sich um einen Halbschmarotzer, der von seinen Wirtspflanzen Wasser und Mineralstoffe bezieht, aber selbst noch fähig ist Fotosynthese zu betreiben.

J	F	M	A	M	J	J	A	S	O	N	D

Cistanche phelypaea **Gelbe Cistanche**

3er-Check

1. Chlorophyllloser Vollschmarotzer; dichte Blütenähre 10–20 cm lang

2. Krone 5-zipfelig mit gebogener Röhre; Kelch glockig, 5-lappig

3. Blätter eiförmig-lanzettlich, schuppig, braun, mit häutigem Rand

Merkmale: 20–100 cm. Mehrjähriger, unverzweigter, reich beblätterter, aber chlorophyllloser Vollparasit mit kräftigen, gelben, später oft bräunlichen Stängeln. Blätter eiförmig-lanzettlich, schuppig, braun, mit häutigem, meist etwas gezähntem Rand. Blüten jeweils in der Achsel eines kahlen Tragblattes mit 2 Vorblättern, eine dichte, bis 20 cm langer Ähre bildend; Kelch glockig, fast regelmäßig 5-lappig. Krone leuchtend gelb, 3–6 cm lang, mit gebogener Röhre und 5 fast gleichen Zipfeln. Staubblätter 4, behaart. Kapselfrucht. Sommerwurzgewächse, Orobanchaceae.

Vorkommen: Oft in Küstennähe auf sandigen Böden, Salz ertragend; jedoch auch im Binnenland auf Sandböden. Südmediterransaharo-sindische Art (vom Süden der Iberischen Halbinsel über die nordafrikanische Küstenregion bis Syrien, auf Kreta, Zypern sowie auf Fuerteventura und Lanzarote).

Biologie: Der besondere Habitus und die Chlorophylllosigkeit kennzeichnen einen Vollparasiten: die Art schmarotzt auf den Wurzeln strauchförmiger Gänsefußgewächse, z.B. auf Arten der Gattung *Atriplex* (Melde).

| J | F | M | A | M | J | J | A | S | O | N | D |

Gelbliche Schwertlilie *Iris lutescens*

1 Iris-Art mit bis 35 cm hohem, unverzweigtem Stängel

2 Blüten gelb, weiß oder violett; äußere Blütenhüllblätter gelbbärtig

3 Blätter schwertförmig, bis 25 mm breit, die Blüten nicht überragend

3er-Check

Merkmale: 5–35 cm. Mehrjährige Pflanze mit dickem Rhizom und unverzweigtem Stängel. Blätter schwertförmig, bis 30 cm lang und bis 25 mm breit, die Blüten meist nicht überragend. Blüten zu 1–2, gelb, weißlich oder violett (auch 2-farbig); Blütenröhre 2–5 cm lang, nur unvollständig von den grünlichen, an der Spitze oft purpurn gefärbten, oft etwas häutigen Hochblättern eingehüllt. Äußere Blütenhüllblätter gelbbärtig, zurückgebogen, 5–7,5 cm lang und bis 35 mm breit; innere Blütenhüllblätter aufrecht, etwa gleich groß. Kapselfrucht. Schwertliliengewächse, Iridaceae.

Vorkommen: Garigues, Grasfluren, Trockenhänge. Die Art ist im westlichen und zentralen Mediterrangebiet verbreitet.

Biologie: Ähnlich ist die von Sizilien über Italien bis Dalmatien vorkommende **Sizilische Zwerg-Iris** *(Iris pseudopumila)* mit maximal 15 mm breiten Blättern, Einzelblüten und fast vollständig von den bis 12 cm langen Hochblättern umhüllter Blütenröhre.

J	F	M	A	M	J	J	A	S	O	N	D

Ophrys lutea **Gelbe Ragwurz**

1 Zierliche Orchidee mit armblütigem Blütenstand

2 Lipperand breit, flach, gelb; Mittelteil braun, mit graublauem Mal

3 Grundblätter 3–6, lanzettlich; darüber 1–2 scheidige Blätter

3er-Check

Merkmale: 10–25 cm. Zierliche, kahle Pflanze mit 2 unterirdischen Knollen. Grundblätter 3–6 in einer Rosette, bis 9 cm lang und bis knapp 3 cm breit, lanzettlich; darüber 1–2 viel kleinere, scheidige Stängelblätter. Nur wenige Blüten in armblütigem Blütenstand. Äußere Hüllblätter grün bis olivgrün, die beiden seitlichen abstehend, das obere nach vorn gekrümmt. Innere seitliche Blütenhüllblätter gelb bis gelbgrün, zungenförmig, meist etwas wellig; Lippe 3-lappig, rundlich bis länglich, mit breitem, flachem, gelbem Rand, im Mittelteil braun, mit graublauem Mal (oft dunkelviolett punktiert oder marmoriert). Knabenkrautgewächse, Orchidaceae.

Vorkommen: Garigues, Felsheiden, Magerrasen; brachliegendes Kulturland; auf kalkhaltigen Böden. Mediterrane Art.

Biologie: Bei der Unterart *Ophrys lutea* ssp. *galilaea,* die im zentralen und östlichen Mittelmeerraum vorkommt, ist die Lippe nur 8–13,5 mm lang (bei der ssp. *lutea* 14–18 mm); auch der Lippenrand ist mit 2–3 mm (gegenüber bis zu 6 mm) deutlich schmaler. Bei der gleichfalls ost- und zentralmediterranen ssp. *melena* mit ebenfalls sehr schmalem Lippenrand ist die dunkle Färbung des Lippenzentrums auf die Randbereiche ausgedehnt.

| J | F | M | A | M | J | J | A | S | O | N | D |

Smyrnium perfoliatum

Durchwachsenblättrige Gelbdolde

3er-Check

1 Gelbgrüne Pflanze mit kantigem, schmal geflügeltem Stängel

2 Obere Blätter stängelumfassend, ei- bis herzförmig, kerbig gesägt

3 Dolde 5–12-strahlig, Hülle und Hüllchen fehlend

Merkmale: 50–150 cm. 2-jährige, fast kahle, gelbgrüne Pflanze mit kantigem, schmal geflügeltem Stängel. Grundblätter 1–2fach fiederschnittig zusammengesetzt, mit breit-ovalen, gezähnten Abschnitten. Obere Blätter stängelumfassend, eiförmig-herzförmig, am Rand kerbig gesägt. Dolde 5–12-strahlig, Hülle und Hüllchenblätter fehlend. Kronblätter lanzettlich, vorn eingerollt. Frucht bis 5,5 mm lang, schwarzbraun. Doldenblütengewächse, Apiaceae.

Vorkommen: Schattige Ruderalstandorte, Ölbaumhaine, lichte Wälder und Gebüsche; auf nährstoffreichen, etwas sandigen oder steinigen Lehmböden. Die ursprünglich wohl ostmediterrane Art wurde weit verschleppt und kommt inzwischen in Südeuropa von der Iberischen Halbinsel bis zur Türkei, im Norden bis Tschechien vor.

Biologie: Bei der vorliegenden Art handelt es sich um eine Wärme liebende Halbschattenpflanze. Nah verwandt ist die zentral- und ostmediterran verbreitete **Rundblättrige Gelbdolde** *(Smyrnium rotundifolium)* mit rundem, gerilltem Stängel und meist ganzrandigen bis fein gezähnelten, stängelumfassenden oberen Blättern.

J	F	M	A	M	J	J	A	S	O	N	D

Crithmum maritimum **Meerfenchel**

1 Graugrüne, kahle, fleischige Pflanze felsiger Küsten

2 Blätter 1–2fach gefiedert, fleischig; Abschnitte bis 7 cm lang, linealisch

3 Dolde 8–35-strahlig, Hülle und Hüllchen jeweils mehrblättrig

3er-Check

Merkmale: 10–60 cm. Mehrjährige, graugrüne, kahle, fleischige, an der Basis verholzte Pflanze mit sellerieähnlichem Geruch. Blätter wechselständig, sitzend, im Umriss 3-eckig, 1–2fach gefiedert, fleischig, mit bis 7 cm langen, linealischen, spitzen Abschnitten. Dolde 8–35-strahlig, Hülle und Hüllchen jeweils mehrblättrig, später zurückgeschlagen; Krone gelbgrün, Kronblätter an der Spitze eingerollt. Spaltfrüchte bis 6 mm lang, deutlich gerippt, kahl, gelblich bis rötlichbraun. Doldenblütengewächse, Apiaceae.

Vorkommen: Felsküsten in unmittelbarer Nähe des Meeres, oft direkt im Spritzwasserbereich. Der Meerfenchel ist als mediterran-atlantische Art zirkummediterran, an der Atlantikküste bis Schottland, auf den Kanaren, Azoren und Madeira, im Osten auch am Schwarzen Meer verbreitet.

Biologie: Die Art zählt zu den halophilen Pflanzen. Die Sukkulenz der Blätter (mit dem Ziel einer effizienten Wasserspeicherung), die bis in die im Querschnitt fast kreisrunden Blattabschnitte zu beobachten ist, stellt eine Anpassung an diesen Extremstandort in der Brandungszone dar.

J	F	M	A	M	J	J	A	S	O	N	D

Wilder Fenchel *Foeniculum vulgare*

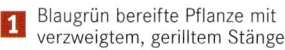

1 Blaugrün bereifte Pflanze mit verzweigtem, gerilltem Stängel

2 Blätter 3–4fach gefiedert, mit fädig-pfriemlichen Abschnitten

3 Doldenstrahlen 4–25, sehr ungleich, Kronblattspitzen eingerollt

3er-Check

Merkmale: Bis 2,5 m. 2- bis mehrjährige, hohe, blaugrün bereifte Pflanze mit verzweigtem, gerilltem Stängel. Blätter 3–4fach gefiedert, mit haarfeinen, fädig-pfriemlichen, etwas fleischigen Abschnitten; Blattumriss 3-eckig-länglich. Blattscheiden kurz, obere nur mit verkümmerter oder ohne Blattspreite. Dolde (je nach Unterart) 4–25-strahlig, Strahlen sehr ungleich, Hülle und Hüllchen fehlend; Blüten klein, gelb; Kelchblätter fehlen, Kronblätter 5, mit eingerollten Spitzen. Spaltfrucht bis 10 mm lang, deutlich gerippt, nicht geflügelt. Doldenblütengewächse, Apiaceae.

Vorkommen: Kulturflächen, insbesondere brachliegende; Ruderalstandorte (Wegränder, Bahndämme). Die mediterrane Art wird inzwischen weltweit kultiviert. Das Areal erstreckt sich von Makaronesien über den gesamten Mittelmeerraum bis Südwestasien und zum Schwarzen Meer.

Biologie: Der Fenchel enthält in den Früchten vorwiegend Anethol, das magenstärkend, appetitanregend, krampflösend und harntreibend wirkt. Wegen des aromatischen Geruchs und der vorteilhaften Wirkungen auf die Verdauung wird der Fenchel als Gewürzpflanze genutzt. Die Blattansätze dienen als Gemüse.

J	F	M	A	M	J	J	A	S	O	N	D

Ferula communis # Gewöhnliches Rutenkraut

1

2

3

1 Blütenstand bis 3 m, reich verzweigt; Stängel dick, gefurcht

2 Blätter 3–4(6)fach gefiedert, mit auffälligen Blattscheiden

3 Lang gestielte, sterile Seitendolden umgeben kurze, fertile Enddolde

3er-Check

Merkmale: 1–3 m. Hohe, sehr kräftige, kahle, mehrjährige Pflanze mit dickem, gefurchtem Stängel und reich verzweigtem Blütenstand. Blätter 3–4(6)fach gefiedert, mit bis zu 5 cm langen, flachen, linealischen Abschnitten, weich; untere Blätter 30–60 cm groß, lang gestielt; obere Blätter mit auffällig großen Blattscheiden, bei den obersten ist die Blattspreite völlig reduziert. Die zusammengesetzten Dolden bestehen aus kurz gestielten, Früchte tragenden, 20–40-strahligen Enddolden, die von lang gestielten, unfruchtbaren Seitendolden umgeben sind. Hülle fehlend, Hüllchenblätter früh abfallend. Kronblätter gelb, 8 mm lang, Kelch winzig. Spaltfrüchte elliptisch, abgeflacht, seitlich geflügelt, 15 mm lang. Doldenblütengewächse, Apiaceae.

Vorkommen: Garigues, Trockenrasen, Weideflächen; oft auf Ruderalstandorten in Siedlungsnähe, vorwiegend auf Kalkböden. Die Art ist zirkummediterran verbreitet.

Biologie: Nah verwandt mit der vorliegenden Art, die manchmal auch als »Riesenfenchel« bezeichnet wird, sind mächtige, mehrere Meter hohe *Ferula*-Stauden (*F. assa-foetida, F. narthex*) in den zentralasiatischen Steppen, die Stinkasant bzw. Galbanum liefern.

| J | F | M | A | M | J | J | A | S | O | N | D |

Mittelmeer-Strohblume *Helichrysum stoechas*

1 Weißfilziger Halbstrauch mit curryartigem Geruch

2 Nur Röhrenblüten; Hüllblätter leuchtend gelb, dachziegelartig

3 Blätter sitzend, linealisch, am Rand umgerollt

3er-Check

Merkmale: 10–50 cm. Weißfilziger, am Grund verholzender Halbstrauch mit curryartigem Geruch. Blätter sitzend, schmal-linealisch bis schmal-spatelförmig, mehr oder weniger weißfilzig-wollig, oberseits nach und nach verkahlend, graugrün; Rand nach unten umgerollt. Blütenköpfchen 4–6 mm breit, in dichten, bis etwa 3 cm breiten Doldentrauben; nur Röhrenblüten vorhanden; Hüllblätter leuchtend gelb, nicht drüsig, in mehreren Reihen dachziegelartig; äußere kürzer und breiter, innere länger und schmaler. Früchte (Achänen) mit Pappus und zahlreichen, weiß glänzenden Drüsen. Korbblütengewächse, Asteraceae.

Vorkommen: Trockene Standorte an Sand- und Felsküsten, Garigues. Die mediterrane Art ist mit mehreren Unterarten im gesamten Mittelmeerraum verbreitet.

Biologie: Die Mittelmeer-Strohblume gehört mit ihren gefärbten Hüllblättern zu den Arten, die auch beim Trocknen die Färbung der Blüten(köpfe) behalten und sich daher gut für Trockensträuße eignen (»Immortellen«).

| J | F | M | A | M | J | J | A | S | O | N | D |

Dittrichia viscosa **Klebriger Alant**

1 Pflanze drüsig-klebrig; Blütenstand lang rispig-pyramidenförmig

2 Zungenblüten gelb, Röhrenblüten orangegelb

3 Blätter länglich-lanzettlich, obere halb stängelumfassend

3er-Check

Merkmale: 40-125 cm. Mehrjährige, dicht drüsig-klebrige, unangenehm riechende bis stinkende, basal verholzte Pflanze mit dicht beblätterten Stängeln. Blätter wechselständig, länglich-lanzettlich, 3-7 cm lang und bis 12 mm breit, spitz, Rand meist etwas gesägt bis gezähnelt; obere Blätter halb stängelumfassend. Blütenstand lang rispig-pyramidenförmig, mit zahlreichen, etwa 15 mm großen Blütenköpfen. Blütenhülle halbkugelig; Zungenblüten gelb, deutlich länger als die Hüllblätter; Röhrenblüten orangegelb. Achänen-(früchte) etwa 2 mm lang, mit gelblichem Pappus. Korbblütengewächse, Asteraceae.

Vorkommen: Ruderalpflanze (Weg- und Straßenränder, Schuttplätze, Brachflächen), Garigues; auf nicht zu trockenen Böden. Die mediterrane Art ist im gesamten Mittelmeerraum, auf allen Kanarischen Inseln, auf Madeira und den Azoren verbreitet.

Biologie: Der Klebrige Alant wurde auf den Kanarischen Inseln eingeschleppt und breitet sich überall fast aggressiv aus. Durch seine Konkurrenzüberlegenheit verdrängt er angestammte Arten und ist mit anderen Neophyten in manchen Gegenden zu einer ernsthaften Bedrohung der ursprünglichen Flora geworden.

| J | F | M | A | M | J | J | A | S | O | N | D |

Ausdauernder Strandstern *Asteriscus maritimus*

1 Rauhaariger Zwergstrauch auf
   Felsfluren in Küstennähe

2 Blütenköpfe einzeln, endständig;
   Zungenblüten tief 3-zähnig

3 Blätter länglich-spatelförmig, zur
   Basis verschmälert, ganzrandig

3er-Check

Merkmale: 3–25 cm. Reich verzweigter, rauhaariger Zwergstrauch, flach-polsterartig niederliegend bis aufsteigend. Blätter wechselständig, gestielt, länglich-spatelförmig, zur Basis verschmälert, ganzrandig, 1-nervig, etwas gefaltet, bis 3 cm lang und bis 1 cm breit. Blütenköpfe einzeln, endständig, 3–4 cm im Durchmesser. Äußere Hüllblätter ähnlich den oberen Stängelblättern, stumpf; innere Hüllblätter linealisch-lanzettlich, spitz. Zungenblüten kräftig gelb, tief 3-zähnig, so lang wie die Hüllblätter; Röhrenblüten gelb, zylindrisch, 5-zählig. Äußere Achänen(früchte) 3-kantig, innere rund, zylindrisch. Korbblütengewächse, Asteraceae.

Vorkommen: Felsen, steinige Hänge, meist in Küstennähe. Das Areal dieser westmediterranen Art umfasst den gesamten westlichen und zentralen Mittelmeerraum von der Iberischen Halbinsel und Marokko bis Italien, Sizilien, Westgriechenland und Tunesien sowie von den Kanarischen Inseln Lanzarote.

Biologie: Die dichte, oft flach dem Fels anliegende Polsterform des Zwergstrauches kann als Angepasstheit an die windexponierten Standorte angesehen werden.

J	F	M	A	M	J	J	A	S	O	N	D

Asteriscus spinosus
Syn.: *Pallenis spinosa*

Stechendes Sternauge

1 Stängel abstehend behaart, oben verzweigt

2 Blütenköpfe lang gestielt; Hüllblätter strahlend, stachelspitzig

3 Blätter ganzrandig, länglich, obere halb stängelumfassend

3er-Check

Merkmale: 10–80 cm. 1–2- oder mehrjährige Pflanze mit abstehend behaartem, an der Basis verholztem, oben verzweigtem Stängel. Die Seitenzweige übergipfeln die Hauptachse. Blätter wechselständig, ganzrandig, behaart; obere lanzettlich, halb stängelumfassend, sitzend, stachelspitzig; untere schmal-elliptisch, gestielt, bis knapp 8 cm lang. Blütenköpfe lang gestielt, von strahlenden, blattähnlichen, stachelspitzigen, bis 35 mm langen äußeren Hüllblättern umgeben; innere Hüllblätter deutlich kleiner. Zungenblüten 2-reihig, tief 3-zähnig, goldgelb; Röhrenblüten 5-zählig, dunkler gelb. Achänen(früchte) der Randblüten flach, 3-kantig, geflügelt, die der Röhrenblüten fast rund und kaum geflügelt. Pappus schuppenartig. Korbblütengewächse, Asteraceae.

Vorkommen: Trockene, oft steinige Brachflächen, Wegränder, Felder. Das Verbreitungsgebiet der mediterranen Art umfasst den gesamten Mittelmeerraum und die Kanarischen Inseln.

J	F	M	A	M	J	J	A	S	O	N	D

Einjähriger Strandstern *Nauplius aquaticus*

1 Stängel einfach oder oben aufrecht-abstehend verzweigt

2 Zungenblüten kurz, von den äußeren Hüllblättern 2–3fach überragt

3 Blätter behaart, länglich-spatelförmig, stumpf, sitzend

3er-Check

Merkmale: 10–40 cm. 1-jährige Pflanze mit einfachem oder oben
aufrecht-abstehend verzweigtem Stängel. Blätter länglich-spatelförmig, stumpf, obere halb stängelumfassend, sitzend, untere
gestielt, bis 6 cm lang. Blütenköpfe einzeln, fast sitzend, 1,5–3 cm
im Durchmesser, von sternförmig ausgebreiteten, blattähnlichen
äußeren Hüllblättern umgeben. Diese sind länglich-oval, stumpf
und überragen die Zungenblüten um das 2–3fache. Zungenblüten
schwefelgelb, tief 3-zähnig, kurz, außen drüsig behaart; Röhrenblüten zylindrisch, 5-zählig. Äußere Achänen(früchte) mehr oder
weniger 3-kantig, innere rundlich; bis 2 mm lang, seidig behaart,
mit lanzettlichen Pappusschuppen. Korbblütengewächse, Asteraceae.

Vorkommen: Sandige, meist etwas feuchtere Standorte in Küstennähe; Brachflächen. Die mediterrane Art kommt im gesamten
Mittelmeerraum und auf den meisten Kanarischen Inseln vor.

Biologie: Von den Kanarischen Inseln entlang der nordafrikanischen Küste bis zum östlichen Mittelmeer kommt der kleine strauchige, aromatisch duftende **Schmalblättrige Goldstern** *(N. graveolens)*
vor.

J	F	M	A	M	J	J	A	S	O	N	D

Chrysanthemum coronarium

Kronen-Wucherblume

1

2

1 Pflanze aufrecht, reich verzweigt, kahl, mit intensivem Geruch

2 Blütenköpfe 3–6 cm; Zungenblüten gelb oder vorn blassgelb

3 Blätter doppelt fiederteilig mit zugespitzten Lappen

3er-Check

3

Merkmale: 30–80 cm. 1-jährige, kahle, reich verzweigte und beblätterte Pflanze mit intensivem Geruch. Blätter wechselständig, halb stängelumfassend, doppelt fiederteilig, mit zugespitzten, lanzettlichen Lappen. Blütenköpfe einzeln, 3–6 cm breit, am Ende meist etwas keulig verdickter Stiele. Hüllblätter 2–3-reihig, eiförmig, mit braunem, außen durchscheinendem, häutigem Rand. Zungenblüten goldgelb oder vorn gelblichweiß (Varietät discolor), Röhrenblüten gelb. Achänen(früchte) drüsig, ohne Pappus, die der Zungenblüten 3-kantig, geflügelt, die der Röhrenblüten 4-kantig, gerippt. Korbblütengewächse, Asteraceae.

Vorkommen: Brach- und Kulturflächen (z. B. Ölbaumhaine, Plantagen, Weinberge), oft in ausgedehnten Beständen. Auch als Gartenpflanze kultiviert und verwildert. Die Kronen-Wucherblume ist zirkummediterran verbreitet und kommt außerdem in Portugal, auf den Kanaren, Azoren und Madeira vor; östlich erstreckt sich das Areal bis zum Iran.

Biologie: Der wissenschaftliche Gattungsname der Kronen-Wucherblume oder Kronen-Margerite leitet sich – hier sehr zutreffend – vom Griechischen »chrysos« = Gold und »anthemos« = Blume ab.

| J | F | M | A | M | J | J | A | S | O | N | D |

Acker-Ringelblume *Calendula arvensis*

3er-Check

1 Pflanze 1-jährig, krautig, meist verzweigt, aromatisch riechend

2 Zungenblüten weniger als doppelt so lang wie die Hüllblätter

3 Früchte außen gekrümmt, stachelig; innen raupenartig geringelt

Merkmale: 10–30 cm. 1-jährige, oft verzweigte, weich behaarte, krautige, aromatisch riechende Pflanze. Blätter wechselständig, (obere halb stängelumfassend) sitzend, länglich-lanzettlich, bis 8 cm lang und bis 15 mm breit; ganzrandig, manchmal etwas gezäht. Blütenköpfe endständig, 12–22 mm breit, goldgelb; nach der Blütezeit hängend. Zungenblüten weniger als doppelt so lang wie die 2-reihig stehenden, linealischen Hüllblätter. In jedem Köpfchen treten 3 Fruchttypen auf: Die äußeren Achänen sind sichelförmig gekrümmt, auf dem Rücken lang stachelig; die mittleren kahnförmig, geflügelt; die inneren raupenartig geringelt. Korbblütengewächse, Asteraceae.

Vorkommen: Genutzte und brachliegende Kulturflächen (Felder, Obstkulturen); Wegränder. Die submediterrane Pflanze ist im gesamten Mittelmeerraum und auf den Kanaren, Azoren, Kapverden und Madeira verbreitet; östlich bis zum Iran.

Biologie: Die Ausbildung unterschiedlicher Fruchttypen stellt eine Anpassung an verschiedene Verbreitungsformen dar: Die stacheligen äußeren Achänen werden als Klettfrüchte von Tieren, die geflügelten durch den Wind verbreitet. Heilpflanze.

| J | F | M | A | M | J | J | A | S | O | N | D |

Carlina corymbosa **Ebensträußige Eberwurz**

1 Distelähnliche Pflanze; Blütenköpfe bilden große Trugdolde

2 Innere Hüllblätter starr, goldgelb, Zungenblüten vortäuschend

3 Blätter grobstachelig gezähnt bis fiederteilig, starr

3er-Check

Merkmale: 20–70 cm. Mehrjährige, steif-aufrechte, reich verzweigte, distelähnliche Pflanze mit stark verholzter Sprossbasis. Blätter wechselständig, länglich-lanzettlich, bis 9 cm lang und bis 3 cm breit, gewellt, grobstachelig gezähnt bis fiederteilig, obere stängelumfassend. Blütenköpfe 1,5–2 cm, mit Hülle bis 4 cm breit, eine große Trugdolde bildend. Äußere Hüllblätter den oberen Stängelblättern ähnlich, etwa 1 cm länger als die inneren. Innere Hüllblätter starr, goldgelb, Zungenblüten vortäuschend, bis 16 mm lang. Röhrenblüten goldgelb. Achänen(früchte) behaart, mit gelblichem Pappus, 8 mm lang. Korbblütengewächse, Asteraceae.

Vorkommen: Brachland, Weideflächen, Wegränder; trockene, felsige Grasfluren; Gebüsche, lichte Waldbestände. Das Areal dieser Art erstreckt sich von Südfrankreich und den Balearen über den nördlichen Mittelmeerraum bis Westasien.

Biologie: Die Blüten der *Carlina*-Arten enthalten nur Röhrenblüten. Die Anlockungsfunktion der Zungenblüten wird von oft trockenhäutigen, inneren Hüllblättern übernommen, die sich bei Trockenheit und Sonnenschein strahlenförmig ausbreiten, bei Feuchtigkeit zusammenneigen und die »Scheinblume« verschließen.

| J | F | M | A | M | J | J | A | S | O | N | D |

Sonnwend-Flockenblume

Centaurea solstitialis

2 **1**

3

1 Graugrüne, sparrig verzweigte Pflanze mit geflügelten Stängeln

2 Anhängsel der Hüllblätter mit 10–30 mm langem, gelbem Dorn

3 Obere Blätter lanzettlich-zugespitzt, am Stängel herablaufend

3er-Check

Merkmale: 20–100 cm. 1–2-jährige, graugrüne, sparrig verzweigte, wollig bis filzig behaarte Pflanze mit geflügelten Stängeln. Untere Blätter leierförmig-fiederschnittig, zur Blütezeit meist bereits vertrocknet; obere Blätter lanzettlich, mit Stachelspitze, am Stängel herablaufend, ganzrandig. Blütenköpfe einzeln, endständig an den Zweigen; Hülle bis 15 mm breit, birnenförmig. Anhängsel der Hüllblätter mit 10–30 mm langem, gelbem, fast waagerecht abgeknicktem Dorn, der an der Basis meist 1–3 Paare kurzer Seitendornen aufweist. Nur Röhrenblüten vorhanden, gelb, 5-zipfelig. Achänen 2,5 mm lang, mit Pappus. Korbblütengewächse, Asteraceae.

Vorkommen: Brach- und Kulturflächen, Ruderalstandorte (z. B. Schuttplätze). Die Art ist fast im gesamten Mittelmeerraum sowie in Südwestasien verbreitet; sie wurde oft verschleppt.

Biologie: Der hier beschriebenen Art sehr ähnlich ist die im westlichen und zentralen Mittelmeerraum vorkommende **Malta-Flockenblume** *(C. melitensis)*. Die rauhaarige, grüne Pflanze hat ebenfalls geflügelte Stängel, die Blütenköpfe sind jedoch oft an den Zweigenden gruppiert, der lange Dorn des Hüllblattanhängsels weist 1–4 Paare kurzer Seitendornen auf.

J	F	M	A	M	J	J	A	S	O	N	D

Cnicus benedictus **Benediktenkraut**

1 **2**

3

1 Hüllblätter dornig, innere mit kammartig gefiedertem Dorn

2 Blätter buchtig-dornig bis fieder-spaltig, zottig-drüsig, weiß geadert

3 Stängel 5-kantig, unten borstig, oben drüsig behaart

3er-Check

Merkmale: 10–60 cm. 1-jährige Pflanze mit aufrechtem, 5-kanti-gem, verzweigtem Stängel; unten borstig, oben drüsig bis spinn-webig-zottig behaart. Blätter hellgrün, länglich, grob buchtig-dornig gezähnt bis fiederspaltig, zottig-drüsig behaart, weiß geadert; untere bis 30 cm lang und bis bis 8 cm breit, gestielt; obere kleiner, halb stängelumfassend. Blütenköpfe einzeln, end-ständig, von den obersten Laubblättern umgeben, 2–3 cm breit. Hüllblätter bräunlich, äußere mit einfachem, innere mit kamm-artig gefiedertem Dorn. Ausschließlich Röhrenblüten vorhanden. Achänen(früchte) mit Pappus (gelbborstig, 2-reihig). Korbblütenge-wächse, Asteraceae.

Vorkommen: Kultur- und Brachland, meist auf steinigen Böden; in manchen Gegenden auch angebaut. Fast überall im Mittelmeer-raum, im Osten bis zum Kaukasus verbreitet.

Biologie: Das Benediktenkraut gehört zu den alten Heilpflanzen des Mittelmeerraumes. Seine Blätter enthalten Bitterstoffe, deren Wirkung vor allem bei Verdauungsbeschwerden genutzt wird.

| J | F | M | A | M | J | J | A | S | O | N | D |

Wollige Färberdistel *Carthamus lanatus*

1 Pflanze distelartig, Blütenköpfe von dornigen Laubblättern überragt

2 Hüllblätter mit dornigem, braunem Anhängsel

3 Blätter lederartig, lanzettlich, mit verbreitertem Grund, stachelig

3er-Check

Merkmale: 15–70 cm. 1-jährige, distelartige, oben reich verzweigte, zumindest anfangs spinnwebig-wollig behaarte, später verkahlende Pflanze. Blätter derb lederartig, eiförmig-lanzettlich, mit verbreitertem Grund; obere fiederschnittig-stachelig, halb stängelumfassend. Blütenköpfe 2–3 cm breit, einzeln, endständig, von den obersten dornigen Laubblättern umgeben und überragt. Äußere Hüllblätter mit dornig gezähntem Anhängsel, innere einfacher gestaltet. Nur Röhrenblüten vorhanden, goldgelb oder blassgelb, schlank, 5-zipfelig. Achänen(früchte) eiförmig, 4-kantig, innere mit mehrreihigem, länglich-schuppigem Pappus, äußere ohne Pappus. Korbblütengewächse, Asteraceae.

Vorkommen: Trockene Weideflächen, Brachland, Wegränder; auch Felsheiden. Mediterrane Art (Mittelmeergebiet, Kanaren, Madeira), an einigen Stellen bis West- und Mitteleuropa, östlich bis Südwestasien.

Biologie: Die Blüte der verwandten Art *C. tinctorius* enthalten den roten Farbstoff Carthamin; aus den Achänen gewinnt man das Saflor- oder Distelöl, das wegen seines hohen Gehaltes an der ungesättigten essenziellen Fettsäure Linolensäure geschätzt wird.

J	F	M	A	M	J	J	A	S	O	N	D

Scolymus hispanicus **Spanische Golddistel**

3er-Check

1 Pflanze distelartig, dornig; Blütenköpfe am Sprossende gehäuft

2 Blütenköpfe mit 3 dornigen Hochblättern; nur Zungenblüten

3 Stängelblätter buchtig-fiederteilig, dornig, am Stängel herablaufend

Merkmale: 20–100 cm. 2-jährige, distelartige, meist verzweigte, dornige und Milchsaft führende Pflanze. Untere Blätter gestielt, tief fiederteilig, bis 12 cm lang, weicher und weniger dornig. Stängelblätter starr, buchtig-fiederteilig, mit dornig gezähnten Abschnitten, am Stängel herablaufend (dieser jedoch nicht durchgehend »geflügelt«). Blütenköpfe im oberen Sprossabschnitt gedrängt, einzeln in den Blattachseln, von 3 dornig gezähnten Hochblättern umgeben und überragt. Hüllblätter lanzettlich-pfriemlich. Nur Zungenblüten vorhanden. Achänen(früchte) mit Pappus, der aus wenigen kurzen Borsten besteht. Korbblütengewächse, Asteraceae.

Vorkommen: Ruderalstandorte wie Wegränder, Schuttplätze, Brachflächen; meist auf trockenen, sandigen Böden. Mediterran-atlantische Art mit Areal von den Kanaren und Azoren im Westen bis zum Schwarzen Meer und Vorderen Orient im Osten.

Biologie: Ebenfalls zirkummediterran und auf den Kanarischen Inseln verbreitet ist die **Gefleckte Golddistel** *(S. maculatus)* mit durchgehend geflügeltem Stängel und weißen, verstärkten Blatträndern. Die obersten Blätter sind kammartig dornig gewimpert.

J F M A **M J J A S** O N D

127

Bärtiges Christusauge *Tolpis barbata*

1 Nur Zungenblüten: äußere hellgelb, innere meist rotbraun

2 Blütenköpfe mit bogig abstehenden, borstlichen Hüllblättern

2er-Check

Merkmale: 10–80 cm. 1-jährige Pflanze mit einfachem oder ästigem, weichhaarigem Stängel; die Seitentriebe überragen den Haupttrieb. Blätter meist grundständig (Rosette), linealisch-lanzettlich, ganzrandig, buchtig gezähnt oder tiefer geteilt; obere Blätter einfacher und kleiner. Blütenköpfe bis 30 mm breit, an verdickten Stielen; Hüllblätter linealisch-borstenartig, äußere bogig abstehend, deutlich länger als die inneren. Nur Zungenblüten vorhanden, äußere hellgelb, innere meist braun bis rotbraun. Äußere Achänen(früchte) behaart, mit kurzem, krönchenartigem Pappus; innere kahl, mit 3–5 langen Pappusborsten. Korbblütengewächse, Asteraceae.

Vorkommen: Kultur- und Brachflächen, Trockenrasen, Ruderalstandorte; vorzugsweise auf sandigen Böden. Mediterrane Art, deren Verbreitungsgebiet große Bereiche des Mittelmeerraumes, die Kanaren, Azoren und Madeira sowie Gebiete Südwestasiens umfasst.

Biologie: Die vorliegende Art wird auch Echter Bartpippau genannt. Der **Doldige Bartpippau** *(T. umbellata)* ist kleiner und besitzt auch nur 10–16 mm breite, einheitlich blassgelbe Blütenköpfe.

J	F	M	A	M	J	J	A	S	O	N	D

Reichardia tingitana **Tanger-Reichardie**

1 Pflanze blaugrün; Grundblätter gezähnt bis fiederspaltig

2 Zungenblüten gelb, an der Basis purpurn

3 Hüllblätter dachziegelartig, mit breitem, weißem Hautrand

3er-Check

Merkmale: 5–35 cm. 1- bis mehrjährige blaugrüne Pflanze mit weißem Milchsaft. Blätter kahl, glatt bis dicht weiß-papillös; grundständige Rosettenblätter lanzettlich, gezähnt bis fiederspaltig, Blattstiel geflügelt; Stängelblätter 1–6, wechselständig, stängelumfassend, schuppenartig mit reduzierter Blattspreite. Blütenköpfe zu 1–4 auf langen, am Ende verdickten Stielen; Zungenblüten bis 20 mm lang, gelb, an der Basis purpurn; randständige Zungenblüten außen rot gestreift. Hülle birnenförmig, bis 15 mm, Hüllblätter dachziegelartig angeordnet, ei- bis herzförmig, mit breitem, weißem Hautrand; äußere oft mit schwarzer Spitze. Achänen(früchte) runzelig-wulstig, mit Pappus. Korbblütengewächse, Asteraceae.

Vorkommen: Felsfluren in Küstennähe; auch in sandigen Küstenzonen auf Brachflächen. Die Tanger-Reichardie ist eine iberisch-mauretanische Art. Das Areal erstreckt sich von der Iberischen Halbinsel über die Kanaren und Nordafrika bis Südwestasien, die nördliche Verbreitungsgrenze verläuft etwa über die Balearen, Sizilien, Südgriechenland und Zypern.

Biologie: Die Hüllblätter der verwandten Art *Reichardia picroides* haben nur einen schmalen Hautrand, die inneren Achänen sind glatt.

J	F	M	A	M	J	J	A	S	O	N	D

Kahle Drillingsblume *Bougainvillea glabra*

1 Verholzte, dornige Kletterpflanze; Blätter spitz-eiförmig

2 Blüten in 3er-Gruppen, von 3 (rot-)violetten, spitzen, breit-eiförmigen Hochblättern umgeben

2er-Check

Merkmale: Bis 5(10) m. Strauchige, verholzte, sparrig verzweigte Kletterpflanze, die mit Hilfe ihrer mit großen, hakenförmigen Dornen versehenen Triebe klettert. Blätter wechselständig, gestielt, spitz-eiförmig, ganzrandig, bis 6 cm lang. Blüten in Dreiergruppen (diese wiederum in großen endständigen Blütenständen), die jeweils von 3 intensiv (rot)violetten, breit-eiförmigen, spitzen Hochblättern umgeben sind, die auch zur Fruchtzeit erhalten bleiben. Blüten röhrenförmig, 14–24 mm lang, mit schmalem, innen cremefarbenem Saum, außen grünlich gestreift oder purpurfarben überlaufen. Wunderblumengewächse, Nyctaginaceae.

Vorkommen: Als Zierpflanze im gesamten Mittelmeerraum und in den (Sub-)Tropen angepflanzt, häufig an Hauswänden, Mauern oder Arkaden. Die Wärme liebende Art stammt aus Brasilien.

Biologie: Die gefärbten Hochblätter übernehmen die Funktion der Anlockung der Bestäuber. Nach dem Verblühen werden die Hochblätter trockenhäutig und dienen der Frucht als Flugorgan. Die wissenschaftliche Gattungsbezeichnung geht auf den französischen Seefahrer Comte de Bougainville zurück, bei dessen Expedition die Gattung im 18. Jahrhundert entdeckt wurde.

J	F	M	A	M	J	J	A	S	O	N	D

Carpobrotus acinaciformis **Rote Mittagsblume**

1 Pflanze niederliegend, dichte Matten bildend; Stängel basal holzig

2 Blüten 10–12 cm, viele karminrote Kronblätter und Staubfäden

3 Blätter fleischig, bläulichgrün, im Querschnitt spitz-dreieckig

3er-Check

Merkmale: Bis 2 m lang. Mehrjährige, niederliegende Pflanze mit an der Basis verholzenden Stängeln; dichte Matten bildend. Blätter gegenständig, paarweise an der Basis verbunden, gebogen, am Ende plötzlich zugespitzt, fleischig, bläulichgrün, im Querschnitt spitz-dreieckig. Blüten 10–12 cm groß, in den Blattachseln; Kronblätter zahlreich, leuchtend karminrot; Staubfäden der äußeren Staubblätter karminrot, Staubbeutel hellgelb. Eiskrautgewächse, Aizoaceae.

Vorkommen: Die aus Südafrika stammende Art wurde im Mittelmeerraum vielerorts als Zierpflanze zur Befestigung von Böschungen, Dämmen und Dünen eingeführt und verwilderte. In Küstennähe gilt sie inzwischen in vielen Regionen als eingebürgert. Dies trifft auch auf das Vorkommen auf Gran Canaria zu.

Biologie: Deutscher und wissenschaftlicher Gattungsname deuten darauf hin, dass sich die Blüten um die Mittagszeit bei Sonnenschein öffnen und bald danach wieder schließen. In Südafrika werden die saftigen Früchte gegessen (»Hottentottenfeigen«) oder zu Marmelade verarbeitet; die sukkulenten Blätter werden gelegentlich wie Gurken in Essig eingelegt und als Gemüse verzehrt.

J	F	M	A	M	J	J	A	S	O	N	D

Französisches Leimkraut *Silene gallica*

1 Blütenstand einseitswendig, traubig, drüsig-klebrig

2 Krone rosa oder weiß, Kronblätter abgerundet oder ausgerandet

3 Kelch lang rauhaarig, 10-nervig; Blätter länglich bis spatelförmig,

3er-Check

Merkmale: 10–45 cm. 1-jährige, aufrechte, weniger oder stärker verzweigte, steifhaarige, im oberen Teil drüsig-klebrige Pflanze. Grund- und Stängelblätter länglich bis spatelförmig. Blüten einseitswendig in traubigem Blütenstand; Kelch 7–10 mm lang, zylindrisch-eiförmig, lang rauhaarig, mit 10 dunkelgrünen Nerven und 3-eckig-spitzen Kelchzähnen. Krone rosa oder weiß, gelegentlich mit karminrotem Fleck; Kronblätter abgerundet oder leicht ausgerandet, länger als der Kelch. Kapselfrucht 6–9 mm groß. Nelkengewächse, Caryophyllaceae.

Vorkommen: Kulturflächen (Äcker), Brachland, Wegränder, Weideflächen. Das Areal dieser mediterranen Art umfasst nicht nur den gesamten Mittelmeerraum, die Azoren, Madeira, die Kanaren und Kapverden, sondern reicht nördlich bis Dänemark, östlich bis Zentralrussland.

Biologie: Die Blüten öffnen sich meist nachts; möglicherweise ist deshalb die Benennung nach der griechischen Mondgöttin Selene zustande gekommen.

J F M **A M J J** A S O N D

Silene colorata **Farbiges Leimkraut**

1 Kräftig rosafarbene, radförmig ausgebreitete Blüten

2 Kronblätter tief geteilt, mit kurzer 2-teiliger Nebenkrone

3 Blätter gegenständig, sitzend, spatelförmig, obere meist ungleich

3er-Check

Merkmale: 10–50 cm. 1-jährige, verzweigte, niederliegende bis aufrechte, fein behaarte Pflanze. Blätter gegenständig, sitzend, ganzrandig, spatelförmig bis linealisch-lanzettlich, die oberen (Hochblätter) meist ungleich groß. Blüten einzeln, endständig oder in den oberen Blattachseln, 5-zählig. Kronblätter radförmig ausgebreitet, tief geteilt, rosa (oder weiß), 10–20 mm lang, mit kurzer 2-teiliger Nebenkrone. Kelch zylindrisch bis röhrenförmig, später keulig, 10-nervig, kurzhaarig, rot gestreift. Kapselfrucht bis 10 mm lang, auf 4–8 mm langem Fruchtträger. Samen nierenförmig, bis 1,5 mm lang, mit 2 gewellten Flügeln, die durch eine Rinne getrennt sind. Nelkengewächse, Caryophyllaceae.

Vorkommen: Sandstrände, trockene Wiesen und Kulturflächen; meist in Küstennähe. Die eher südmediterrane Art ist in weiten Bereichen des Mittelmeergebietes, auf den östlichen Kanarischen Inseln, im Osten bis Südwestasien verbreitet; sie fehlt auf den Balearen.

Biologie: Sehr ähnlich ist die im westlichen Mediterrangebiet heimische Art *Silene sericea*, deren Samen ungeflügelt sind.

J	F	M	A	M	J	J	A	S	O	N	D

Kronen-Anemone *Anemone coronaria*

2 **1**

1 3,5–7,5 cm große, leuchtend rote, violette oder weiße Blüten

2 Staubbeutel blauviolett; 3 zerteilte Hochblätter bilden Wirtel

3 Grundblätter 3-teilig, mit gestielten, tief gelappten Abschnitten

3er-Check

3

Merkmale: 10–40 cm. Mehrjährige, behaarte Pflanze mit unterirdischem, zylindrischem Rhizom (Erdspross). Grundblätter 3-teilig, mit gestielten, tief gelappten Abschnitten. Am Stängel befindet sich ein Wirtel aus 3 tief schlitzartig zerteilten, schräg nach oben gerichteten Hochblättern. Blüten einzeln, 3,5–7,5 cm groß, leuchtend rot, blauviolett oder weiß. Blütenhülle einfach, Blütenhüllblätter 5-8, breit-elliptisch, unterseits seidig behaart; Staubbeutel blauviolett. Einblatt-Nüsschen wollig behaart, geschnäbelt. Hahnenfußgewächse, Ranunculaceae.

Vorkommen: Trockenrasen, Felsheiden und -fluren, Garigues; brachliegendes Kulturland. Das Areal umfasst den gesamten Mittelmeerraum und Teile Westasiens.

Biologie: Die Kronen-Anemone wird in vielen Regionen als Zierpflanze kultiviert und kommt dann in unterschiedlichen Farbvarietäten und auch mit gefüllten Blüten vor. Aus diesem Grunde findet man immer wieder auch vom Normaltypus abweichende, verwilderte Formen. Die Pflanze enthält die giftige Substanz Protoanemonin.

| J | F | M | A | M | J | J | A | S | O | N | D |

Paeonia mascula **Großblättrige Pfingstrose**

3er-Check

1	Pflanze mit großen doppelt 3-teiligen, gestielten Grundblättern
2	Blüten 8–14 cm, becherförmig; Kronblätter 5–8, breit-eiförmig
3	Staubblätter zahlreich, rote Staubfäden und gelbe Staubbeutel

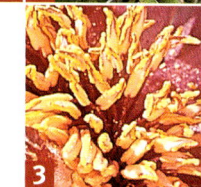

Merkmale: 60–90 cm. Mehrjährige, staudige bis halbstrauchige Pflanze mit unterirdischem, verholztem Wurzelstock und aufrechten Stängeln. Grundblätter sehr groß, doppelt 3-teilig, gestielt, mit insgesamt meist 9(–16) länglich-lanzettlichen bis breitelliptischeiförmigen, ganzrandigen, unterseits kahlen Abschnitten. Stängelblätter kleiner und weniger unterteilt. Blüten 8–14 cm groß, becherförmig, mit doppelter Blütenhülle (Perianth aus Kelch und Krone). Kronblätter 5–8, breit-eiförmig. Staubblätter zahlreich, mit gelben Staubbeuteln und roten Staubfäden. Aus den 3–5 Fruchtblättern entwickeln sich filzig behaarte, bis 4 cm lange Balgfrüchte. Pfingstrosengewächse, Paeoniaceae.

Vorkommen: Lichte (Laub-)Wälder und Gebüsche der Bergstufe, grasige Hänge; kalkhaltige Böden. Südeuropäische Länder, Nordwestafrika; östlich bis in den Vorderen Orient. Der Verbreitungsschwerpunkt liegt jedoch im mittleren und östlichen Mediterrangebiet.

Biologie: Der wissenschaftliche Gattungsname ist nach der altmazedonischen Landschaft Paionia benannt. Die Blüten sind Pollenblumen, die einen Überschuss an Pollen zur Beköstigung der Bestäuber produzieren.

J	F	M	A	M	J	J	A	S	O	N	D

Roter Hornmohn *Glaucium corniculatum*

1 Pflanze blaugrün, borstig behaart; Blätter tief fiederschnittig

2 Kronblätter 4, basal mit schwarzem, hell umrandetem Fleck

3 Schotenfrucht bis 20 cm lang

3er-Check

Merkmale: 20–40 cm. 1-jährige, mäßig verzweigte, borstig behaarte, blaugrüne Pflanze mit gelbem Milchsaft. Blätter wechselständig, tief fiederschnittig, mit unregelmäßig gezähnten Abschnitten, mehr oder weniger behaart, untere bis 35 cm lang, obere kürzer. Blüten einzeln, 3–5 cm groß, endständig oder in den oberen Blattachseln; Kelchblätter 2, behaart, bald abfallend; Kronblätter 4, scharlach- bis ziegelrot, an der Basis meist mit schwarzem Fleck. Schotenfrucht linealisch, zylindrisch, bis 20 cm lang, fast gerade, meist borstig behaart. Mohngewächse, Papaveraceae.

Vorkommen: Kulturland, Brachflächen, Ruderalstandorte. Die mediterrane Art ist in Südeuropa, zirkummediterran, in Südwestasien, auf den Kanaren und Madeira verbreitet.

Biologie: Typische Merkmale der Gattung *Glaucium* sind die blaugrüne Färbung der Pflanze, die zum wissenschaftlichen Gattungsnamen geführt hat, der gelbe Milchsaft und die sich mit 2 Klappen von oben bis fast zur Basis öffnende zylindrische Frucht.

| J | F | M | A | M | J | J | A | S | O | N | D |

Matthiola incana **Graue Levkoje**

1 Graufilzige Pflanze felsiger oder sandiger Küsten

2 Blüten rötlichpurpurn, rosa oder weiß, stark duftend

3 Blätter schmal-lanzettlich, meist ganzrandig, weißfilzig bis fast kahl

3er-Check

Merkmale: 10–80 cm. Mehrjährige, kräftige, weißlich bis graufilzig behaarte, an der Basis verholzte Pflanze. Blätter schmal-lanzettlich, weißfilzig bis fast kahl, meist ganzrandig. Blüten in lockeren, endständigen Trauben, rötlichpurpurn, rosa oder weiß, stark duftend (vor allem nachts); Blütenstiele verlängert. Kronblätter 20–30 mm lang, 4–12 mm breit, verkehrt-eiförmig. Schotenfrüchte 4,5–16 cm lang, bis 5 mm dick, zusammengedrückt, ohne deutliche Hörner. Kreuzblütengewächse, Brassicaceae.

Vorkommen: Meist felsige, jedoch auch sandige Küsten; Mauern. Das Areal dieser ursprünglich ostmediterranen Art erstreckt sich entlang der Küsten von Südwesteuropa bis Westasien. Kanaren.

Biologie: Die Graue Levkoje war bereits im Altertum als »leucoion« (= helles Veilchen) bekannt und wird vielerorts als Zierpflanze kultiviert (auch als Schnittblume) und dies seit dem 16. Jahrhundert überliefert. Die Gartenformen treten mit unterschiedlichen Färbungen oder auch als gefüllte Formen auf. Letztere sind steril, aber in Folge einer Genkopplung schon an den Sämlingen zu erkennen: gefüllte Blüten entwickeln sich an hellgrün beblätterten Sämlingen, ungefüllte an dunkelgrün gefärbten.

| J | F | M | A | M | J | J | A | S | O | N | D |

Spanischer Mauerpfeffer *Sedum hispanicum*

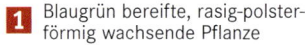

3er-Check

1 Blaugrün bereifte, rasig-polster-förmig wachsende Pflanze

2 Kronblätter 6–9, lanzettlich, spitz, mit dunkel rosafarbenem Mittelnerv

3 Blätter wechselständig, sukkulent (fleischig), halbzylindrisch

Merkmale: 5–15 cm. In der Regel 1-jährige, manchmal 2- bis mehr-jährige, verzweigte, kahle oder drüsig behaarte, graugrün bereifte, oft rötlich gefärbte Pflanze. Blätter wechselständig, sukkulent, halbzylindrisch, 7–18 mm lang. Blüten fast sitzend, 6–9-zählig; Kronblätter 5–7 mm lang (etwa 4-mal so lang wie der Kelch), lanzettlich, lang zugespitzt, weißrosa, mit dunkel rosafarbenem Mittelnerv, schwach gekielt. Fruchtblätter rötlich, Staubblätter 12–14. Dickblattgewächse, Crassulaceae.

Vorkommen: Kalkfelsen, steinige Böden, Mauern. Das Areal dieser submediterranen Art reicht von der Südschweiz und Italien über Griechenland bis Palästina und zum Schwarzen Meer. Weiter nörd-lich tritt sie gelegentlich als Neophyt auf.

Biologie: *Sedum*-Arten sind aufgrund ihrer Blattsukkulenz als Xerophyten (= an Trockenheit angepasste Pflanzen) hervorragend an aride Standorte angepasst. Sie sind häufig Pionierpflanzen, die mit ihren Organen zur weiteren Ansammlung von Verwitterungs-produkten und zur Humusbildung beitragen und damit eine erste flachgründige Bodendecke schaffen, die dann wieder anderen Pflanzen die Ansiedlung ermöglicht.

| J | F | M | A | M | J | J | A | S | O | N | D |

Fagonia cretica **Kretische Fagonie**

1 Pflanze niederliegend, ausgebreitet, reich verzweigt

2 Blüten 10–20 mm breit, mit 5 rot-violetten, genagelten Kronblättern

3 Blätter 3-teilig, gestielt; Fiedern lederig, dornig bespitzt

3er-Check

Merkmale: 10–40 cm. Pflanze mehrjährig, niederliegend, ausgebreitet, reich verzweigt, mit geripptem bis geflügeltem Stängel; lediglich an der Basis verholzt. Blätter gegenständig, 3-teilig, flach, gestielt, mit je 2 etwas dornig bespitzten Nebenblättern; Fiedern lederig, dornig bespitzt, bis 15 mm lang. Blüten einzeln, blattachselständig, flach ausgebreitet, 10–20 mm im Durchmesser, mit 5 rot-violetten, genagelten Kronblättern. Kelchblätter bald abfallend. Staubblätter 10, gelb. Kapselfrucht sternförmig-5-kantig, an den Kanten bewimpert. Jochblattgewächse, Zygophyllaceae.

Vorkommen: Felsfluren, Garigues; Wegränder; meist auf trockenen, steinigen Böden. Südmediterrane Art, deren Areal sich von den Kanaren und Kapverden über Nordafrika bis Ägypten erstreckt. Die Nordgrenze verläuft von der Südhälfte der Iberischen Halbinsel über die Balearen, Sizilien, Südgriechenland, Kreta bis Zypern.

Biologie: Die weltweit nur etwa 250 Arten umfassende Familie der Jochblattgewächse ist vor allem in Wüstengebieten und Salzsteppen verbreitet.

| J | F | M | A | M | J | J | A | S | O | N | D |

Wilde Malve *Malva sylvestris*

3er-Check

1 Blüten zu 2–6, unterschiedlich lang gestielt in den Blattachseln

2 Kronblätter tief ausgerandet, dunkler längs gestreift

3 Blätter lang gestielt, mit 3–7 kerbig-gesägten Lappen

Merkmale: 30–130 cm. 2- bis mehrjährige Pflanze, sowohl mit ein-fachen als auch mit Sternhaaren besetzt, an der Basis verholzt. Blätter lang gestielt, mit 3–7 kerbig-gesägten Lappen. Blüten zu 2–6 auf unterschiedlich langen Stielen in den Blattachseln, 2,5–4 cm im Durchmesser, purpurfarben; Kronblätter tief ausge-randet, dunkler längs gestreift, 3–4-mal so lang wie der Kelch. Außenkelchblätter am Grund völlig frei, schmal, kürzer als die ova-len Kelchblätter. Staubblätter zu einer Röhre verwachsen. Frucht-stiele aufrecht bis abstehend, Frucht in 9–11 Teilfrüchte zerfallend. Malvengewächse, Malvaceae.

Vorkommen: Ruderalpflanze an Wegrändern, auf Schuttplätzen und Unkrautfluren; auf mäßig trockenen, meist stickstoffreichen Böden. Die Art ist in ganz Europa, Nordafrika und Südwestasien verbreitet und wurde in warm-gemäßigte Zonen inzwischen welt-weit verschleppt.

Biologie: Seit dem 8. Jahrhundert v. Chr. wird die Wilde Malve als Gemüsepflanze (junge Sprosse) und Heilpflanze (Hustenmittel, Rachenkatarrh, Mundschleimhautentzündung) geschätzt. Die Blü-ten verwendete man früher zum Färben von Lebensmitteln.

J	F	M	A	M	J	J	A	S	O	N	D

Lavatera arborea **Baumförmige Strauchpappel**

1

2

3

1	Bis 3 m hohe, strauchig wachsende sternhaarige Pflanze
2	Kronblätter purpurn, dunkler geadert; 3-blättriger Außenkelch
3	Blätter lang gestielt, 5–7-lappig, am Grund herzförmig

3er-Check

Merkmale: 1–3 m. 2-jährige, kräftige, strauchig bis bäumchenförmig wachsende sternhaarige Pflanze mit dicken, an der Basis verholzten Stängeln. Blätter bis 20 cm groß, lang gestielt; untere meist 5–7-lappig, am Grund herzförmig; obere Blätter 3-lappig-rundlich. Blüten zu 2–7 in Trauben, deren Stiele sind kürzer als das jeweilige Tragblatt. Kronblätter purpurn bis violettpurpurn, dunkler geadert, am Grund schwarzviolett, 15–20 mm lang; Kelchblätter 3-eckig-spitz; Außenkelch auffällig breit, doppelt so lang wie die Kelchblätter, 3-blättrig, am Grund verwachsen. Teilfrüchte 6–8, kantig. Malvengewächse, Malvaceae.

Vorkommen: Zerklüftete Felsküsten, steinige Plätze, Ruderalstandorte (Schutt, Wegränder); oft als Zierpflanze kultiviert und z. T. verwildert. Die mediterran-atlantische Art kommt in Südeuropa bis Griechenland und zur Türkei vor, entlang der westeuropäischen und nordafrikanischen Küsten sowie auf den Kanaren (hier wohl nur verwildert), Azoren und Madeira.

Biologie: Die Gattung *Lavatera* hat ihren Verbreitungsschwerpunkt im Mittelmeerraum und tritt hier mit 11 Arten auf.

| J | F | M | A | M | J | J | A | S | O | N | D |

Weißliche Zistrose *Cistus albidus*

1

1 Dichter Strauch; Blätter weißfilzig, halb stängelumfassend

2 Kronblätter 5, zerknittert; Kelchblätter 5, breit-eiförmig, filzig

3 Blätter eiförmig-elliptisch, unterseits mit 3 erhabenen Nerven

3er-Check

Merkmale: 40–150 cm. Dichter, schwach aromatisch riechender Strauch. Blätter gegenständig, halb stängelumfassend, eiförmig-elliptisch, 2–5 cm lang, sternhaarig-weißfilzig; unterseits mit 3 deutlich erhabenen Nerven. Blüten 5–7 cm im Durchmesser; Kelchblätter 5, breit-eiförmig, filzig behaart; Kronblätter 5, rosarot, zerknittert, bald abfallend. Griffel fast so lang wie die zahlreichen, gelben Staubblätter. Kapselfrucht eiförmig, 5-klappig, fast holzig. Zistrosengewächse, Cistaceae.

Vorkommen: Garigues, Macchien; lichte, offene Wälder. Vorzugsweise auf sonnigen Felshängen (Kalkgestein). Typisch westmediterrane Art: Die östliche Arealgrenze verläuft von Norditalien über Korsika und Sardinien nach Nordafrika.

Biologie: Zistrosen gehören zu den charakteristischen und vor allem zur Blütezeit besonders auffallenden Pflanzen der Garigues. Der westliche Mittelmeerraum gilt als Entfaltungszentrum der Zistrosengewächse.

| J | F | M | A | M | J | J | A | S | O | N | D |

Cistus creticus **Graubehaarte Zistrose**

1 Strauch mit (grau)grünen, eiförmig-lanzettlichen Blättern

2 Blüten rosarot; Kelchblätter 5, eiförmig-lanzettlich, lang zugespitzt

3 Blätter 3–15 mm lang gestielt; Blattnerven oberseits eingesenkt

3er-Check

Merkmale: 30–100 cm. Strauch mit aufrechten bis ausgebreiteten, behaarten Zweigen. Blätter 3–15 mm lang gestielt, je nach Unterart mit gewelltem (ssp. *creticus*) oder glattem Rand, eiförmig-lanzettlich, grün bis graugrün; Oberseite mit eingedrückter, Unterseite mit erhabener Nervatur. Blüten 4–6 cm im Durchmesser, rosarot, einzeln oder bis zu 7-doldig; Kelchblätter 5, eiförmig-lanzettlich, lang zugespitzt, behaart. Kapselfrucht. Zistrosengewächse, Cistaceae.

Vorkommen: Garigues, Macchien; sowohl auf Kalk- als auch auf Silikatgestein. Das Areal erstreckt sich nahezu über den gesamten Mittelmeerraum mit Ausnahme von Frankreich und Teilen der Iberischen Halbinsel; generell tritt die Graubehaarte Zistrose im Westen seltener auf.

Biologie: Nah verwandt und für das östliche Mittelmeergebiet typisch ist die **Kleinblütige Zistrose** (*C. parviflorus*) mit niedriger, oft halbkugeliger Wuchsform, blassrosafarbenen, nur 2–3 cm großen Blüten, bei denen die Narbe ungestielt ist und von den Staubblättern überragt wird.

| J | F | M | A | M | J | J | A | S | O | N | D |

Granatapfelbaum *Punica granatum*

1 Strauch (Baum) sommergrün, dornig; Blätter gegenständig, glänzend

2 Kronblätter 5–7, auf fleischigem, rot glänzendem Achsenbecher

3 Frucht grün bis rötlichbraun, kugelig, vom Kelch gekrönt

3er-Check

Merkmale: 2–7 m. Sommergrüner, dorniger Strauch oder kleiner Baum. Zweige jung 4-kantig. Blätter gegenständig, oval bis lanzettlich, ganzrandig, derb, glänzend, bis 8 cm lang. Blüten einzeln oder zu 2–3 an den Zweigenden, leuchtend rot wie der fleischige Kelch und der Achsenbecher. Kronblätter 5–7, etwas zerknittert, bis 3 cm lang. Staubblätter zahlreich. Frucht grün bis rötlichbraun, kugelig, apfelartig, 6–12 cm groß, vom Kelch gekrönt, mit dicker, lederiger Schale und vielen harten Samen mit rötlichem, durchscheinendem Samenmantel. Granatapfelgewächse, Punicaceae.

Vorkommen: Hecken, Gebüsche, Weg- und Straßenränder. Die Art stammt ursprünglich aus Südwestasien, wurde aber fast überall im Mittelmeerraum wegen der Früchte und als Zierpflanze (auch mit gefüllten Blüten) kultiviert und eingebürgert.

Biologie: Wohl wegen der Samenfülle (»granatus« = samenerfüllt) galt der Granatapfelbaum als Symbol der Fruchtbarkeit. Das Granatapfelmuster findet sich bei Assyrern, Arabern und Griechen. Aus dem süß-säuerlichen Saft wird die Grenadine, ein erfrischendes Getränk hergestellt. Samen und geleeartiger Samenmantel werden als Dessert gegessen.

| J | F | M | A | M | J | J | A | S | O | N | D |

Cyclamen repandum

Geschweiftblättriges Alpenveilchen

3er-Check

1 Pflanze mit abgeflacht-kugeliger Knolle; zur Blütezeit mit Blättern

2 Blüten nickend, purpurrot, mit 5 zurückgeschlagenen Kronzipfeln

3 Blätter breit-herzförmig, buchtig geschweift, silbergrau marmoriert

Merkmale: 10–20 cm. Pflanze mit bis 3,5 cm großer, abgeflacht-kugeliger, nur unterseits bewurzelter, behaarter Knolle; zur Blütezeit bereits mit Blättern. Blätter grundständig, bis 16 cm lang gestielt, breit-herzförmig, zugespitzt, am Rand gezähnt bis buchtig geschweift; oben dunkelgrün, meist silbergrau marmoriert; unterseits hell graugrün. Blüten einzeln, 10–20 cm lang gestielt, nickend, mit 5 zurückgeschlagenen, leicht gedrehten, 15–25 mm langen Kronzipfeln; duftend. Blütenstiel zur Fruchtzeit von der Spitze her schraubig aufgerollt. Primelgewächse, Primulaceae.

Vorkommen: Schattige, meist immergrüne Wälder und Gebüsche, Macchien. Südeuropa, von Frankreich bis zur Ägäis.

Biologie: Andere Alpenveilchen-Arten: **Kretisches Alpenveilchen** *(C. creticum)* auf Kreta und Zypern (weiß, im Frühjahr blühend), **Balearen-Alpenveilchen** *(C. balearicum)* auf den Balearen und in Südfrankreich (weiß, im Frühjahr blühend); **Neapolitanisches Alpenveilchen** *(C. hederifolium)*, Spanien bis Türkei (blass-rosa, im Herbst blühend). Das gleichfalls ostmediterran verbreitete **Persische Alpenveilchen** *(C. persicum)* ist die Ausgangsform der als Zimmerpflanzen kultivierten Alpenveilchen.

J F M A M J J A S O N D

Gewöhnlicher Oleander *Nerium oleander*

1 Immergrüner Strauch; Blüten in Doldentrauben, trichterförmig

2 Kronzipfel mühlradartig ausgebreitet, schief abgeschnitten

3 Blätter lederig, lanzettlich; Balgfrucht mit behaarten Samen

3er-Check

Merkmale: 1–4 m. Buschiger, immergrüner, fast kahler Strauch. Blätter lanzettlich, meist zu 3–4 quirlständig, auch gegenständig, nach beiden Seiten spitz zulaufend, lederig, bis 15 cm lang, bis 2 cm breit, mit kräftigem weißlichem Mittelnerv. Blüten in endständigen Doldentrauben, leuchtend rosarot oder weiß, trichterförmig, 3–4,5 cm im Durchmesser. Kelch drüsig, 5-spaltig, mit abstehenden Zipfeln; Krone mit 2–3 cm langer Röhre; Kronzipfel mühlradförmig ausgebreitet, schief abgeschnitten, nach rechts gedreht; im Schlund mit zerschlitzten Anhängseln. Balgfrucht bis 15 cm lang, Samen mit braunem Haarschopf. Hundsgiftgewächse, Apocynaceae.

Vorkommen: Fluss- und Bachufer, trockene Flussbetten; in Grundwassernähe auf Kiesböden. Als Zierpflanze und in Hecken(form) oft kultiviert und verwildert. Die typisch mediterrane Art kommt im gesamten Mittelmeerraum und östlich bis zum Iran vor. Auf den Kanaren, Azoren und Madeira tritt sie nur kultiviert auf.

Biologie: Der Oleander oder »Rosenlorbeer« ist ein wichtiger Repräsentant der Hartlaubflora. Die giftige Pflanze enthält in den Blättern herzwirksame Glykoside (Oleandrin), die bei Herzinsuffizienz medizinisch genutzt werden.

| J | F | M | A | M | J | J | A | S | O | N | D |

Calystegia soldanella **Strand-Winde**

1 Mit langen Stängeln kriechende, kahle Sandstrandpflanze

2 Krone trichterförmig mit 5 weißen Streifen; 1 Paar breiter Vorblätter

3 Blätter nierenförmig, lang gestielt, etwas fleischig, dunkelgrün

3er-Check

Merkmale: Bis 15 cm hoch; etwa 1 m weit kriechend. Niederliegende, mit langen Stängeln kriechende, nicht windende, kahle Pflanze. Blätter wechselständig, nierenförmig, lang gestielt, etwas fleischig, dunkelgrün. Blüten einzeln in den Blattachseln mit 1 Paar breit-eiförmiger Vorblätter; Krone trichterförmig verwachsen, bis 5 cm im Durchmesser, rosarot, mit 5 weißen Streifen. Windengewächse, Convolvulaceae.

Vorkommen: Dünen, Sandstrände; entsprechende Küstenabschnitte rund um das Mittelmeer; ebenso am Schwarzen und Kaspischen Meer; am Atlantik teilweise nördlich bis Dänemark (mediterranatlantische Art); weltweit verschleppt.

Biologie: Die Strand-Winde nutzt mehrere Möglichkeiten der Ausbreitung: Während Wasser- und Windverbreitung eher auf eine Fernwirkung abzielen, sichert die Selbstverbreitung durch Kriechsprosse die Vergrößerung des Bestandes in der Nähe.

| J | F | M | A | M | J | J | A | S | O | N | D |

Eibischblättrige Winde *Convolvulus althaeoides*

2 **1**

1	Stängel niederliegend oder windend, schlank, behaart
2	Blüten zu 1–3 an achselständigen Stielen, rosa, trichterförmig
3	Blätter je nach Unterart mehr oder weniger tief gelappt

3er-Check

Merkmale: Bis 1 m lange Triebe. Pflanze mit niederliegenden oder windenden, schlanken, behaarten Stängeln. Blätter wechselständig, deutlich gestielt, untere herz-eiförmig, buchtig, Form der oberen Blätter je nach Unterart verschieden: ssp. *althaeoides:* Blätter eher seicht gelappt bis gekerbt mit breiten Abschnitten; ssp. *tenuissimus:* (zumindest die oberen) Blätter tief gelappt (bis zur Mittelrippe), mit schmalen Abschnitten. Blüten zu 1–3 an blattachselständigen, bis 6 cm langen Stielen (länger als die jeweiligen Blätter); Krone tiefrosa, bis 4 cm lang, trichterförmig verwachsen, behaart. Kapselfrucht kahl. Windengewächse, Convolvulaceae.

Vorkommen: Trockene Kultur- und Brachflächen (Äcker, Wegränder, brachliegende Felder, Weiden). Die mediterrane Art ist im gesamten Mittelmeerraum und auf den Kanaren verbreitet; die ssp. *tenuissimus* kommt im östlichen Mittelmeerraum häufiger vor.

Biologie: Die Blüten schließen sich mit beginnender Dunkelheit. Als weiteres Unterscheidungsmerkmal der beiden genannten Unterarten kann die Behaarung der Pflanze dienen: Die ssp. *althaeoides* ist durch abstehende, oft bräunliche Behaarung gekennzeichnet, ssp. *tenuissimus* ist dagegen anliegend behaart.

J	F	M	A	M	J	J	A	S	O	N	D

Allium roseum **Rosen-Lauch**

1
2

3

3er-Check

1 Zwiebelpflanze; Stängel rund, nur im unteren Fünftel beblättert

2 Blüten in halbkugeliger Scheindolde, breit-glockig, gestielt

3 Blätter 2–4, linealisch, flach, 12–35 cm lang, bis 14 mm breit

Merkmale: 10–70 cm. Mehrjährige, kahle Pflanze mit Zwiebeln und zahlreichen kleinen Nebenzwiebeln. Blütenschaft rund, von den Blättern im unteren Teil scheidig umschlossen. Blätter 2–4, linealisch, flach, 12–35 cm lang, bis 14 mm breit. Blüten zu 5–30 in halbkugeliger Scheindolde mit tief 3–4-lappiger Hochblatthülle; Krone breit glockig, 7–12 mm lang, auf 7–45 mm langen Stielen, rosa oder weiß. Staubbeutel gelb. Kapselfrucht. Lauchgewächse, Alliaceae.

Vorkommen: Kultur- und Brachflächen, Garigues. Das Areal erstreckt sich über den gesamten Mittelmeerraum bis Kleinasien und umfasst auch die Kanarischen Inseln und die Azoren.

Biologie: Die Scheindolde weist häufig neben den Blüten auch Brutzwiebeln auf. Dabei handelt es sich um vegetative Keimkörper, die der ungeschlechtlichen Fortpflanzung dienen. – Im gleichen Verbreitungsgebiet und an ähnlichen Standorten kommt der **Dunkle Lauch** *(Allium nigrum)* mit bis zu 50 cm langen und bis 8 cm breiten Blättern vor. Ein kräftiger, langer Blütenschaft trägt zahlreiche rosaviolette Blüten in oft fast kugeligen Dolden.

| J | F | M | A | M | J | J | A | S | O | N | D |

Stern-Klee *Trifolium stellatum*

1 Pflanze abstehend weich behaart; Blätter lang gestielt, 3-zählig

2 Blütenköpfe rundlich-eiförmig; Krone kaum länger als der Kelch

3 Kelchzähne zur Fruchtzeit weit sternförmig abstehend, rotbraun

3er-Check

Merkmale: 5–25 cm. Abstehend weich bräunlich behaarte, 1-jährige Pflanze mit einfachen oder bereits vom Grund an verzweigten Stängeln. Blätter wechselständig, 2–8 cm lang gestielt, 3-zählig; Fiederblätter verkehrt-herzförmig, vorn gezähnt; Nebenblätter groß, eiförmig, stumpf, vorn gezähnt, häutig, mit grüner Nervatur. Blüten in rundlich-eiförmigen, bis 25 mm langen, lang gestielten Köpfen; Krone hellrosa, 8–12 mm lang, kaum länger als der Kelch. Kelchzähne doppelt so lang wie die Kelchröhre, 3-nervig, lang zugespitzt, zur Fruchtzeit weit sternförmig abstehend, innen auffällig rotbraun gefärbt. 1-samige Hülsenfrüchte. Schmetterlingsblütengewächse, Fabaceae.

Vorkommen: Trockene Grasfluren, Brachland, Wegränder; Garigues; auch auf Kulturland. Das Verbreitungsgebiet dieser typisch mediterranen Art erstreckt sich von den Kanaren und Madeira über den gesamten Mittelmeerraum bis zum Persischen Golf.

Biologie: Die Gattung *Trifolium* ist in Eurasien, auf dem amerikanischen Doppelkontinent und in Afrika verbreitet. Der Mittelmeerraum und der Vordere Orient bilden mit regional 40–50, z. T. bis 80 Arten das wesentliche Entfaltungszentrum der Gattung.

J	F	M	A	M	J	J	A	S	O	N	D

Trifolium tomentosum **Filziger Klee**

3er-Check

1 Pflanze niederliegend, verzweigt; Blütenköpfe fast sitzend, kugelig

2 Fahne nach unten gerichtet; Kelch weißfilzig, später aufgeblasen

3 Fiederblätter verkehrt-eiförmig, Basis keilförmig, scharf gezähnt

Merkmale: 5–20 cm. Niederliegende, reich verzweigte, 1-jährige, kahle, nur im fruchtenden Zustand stärker behaarte Pflanze. Blätter gestielt, 3-zählig; Fiederblätter verkehrt-eiförmig, an der Basis keilförmig, scharf gezähnt, mit deutlicher Nervatur. Blüten in blattachselständigen, kugeligen, fast sitzenden Köpfchen, rosa, um 180° gedreht: Fahne nach unten und Schiffchen nach oben gerichtet. Kelch weißfilzig, zur Fruchtzeit mit aufgeblasener Oberlippe; Kelchzähne kaum sichtbar, zurückgekrümmt, von Wollhaaren verdeckt. Schmetterlingsblütengewächse, Fabaceae.

Vorkommen: Trockene Grasfluren, Wegränder, Brachland. Das Verbreitungsgebiet dieser mediterranen Art erstreckt sich von den Azoren, Kanaren und Madeira über den gesamten Mittelmeerraum bis Südwestasien.

J F **M A M J** J A S O N D

Rote Spargelbohne
Lotus tetragonolobus
Syn.: *Tetragonolobus purpureus*

2 **1**

3er-Check

1 Abstehend behaarte Pflanze mit 5-zähligen Blättern

2 Blüten zu 1–2, am Grund mit 3-teiligem, sitzendem Blättchen

3 Hülsenfrucht mit 4 mindestens 2 mm breiten, gewellten Flügeln

Merkmale: 10–40 cm. 1-jährige, abstehend-weichhaarige Pflanze mit meist reich verzweigten, aufsteigenden bis aufrechten Trieben. Blätter 5-zählig; die 3 endständigen Fiedern breit, verkehrt-eiförmig bis rautenförmig, beim unteren Paar (kleiner, eiförmig, zugespitzt, so lang wie der Blattstiel) handelt es sich um Nebenblätter. Blüten zu 1–2, gestielt, blattachselständig, scharlachrot, am Grund mit 3-teiligem, sitzendem Blättchen. Kelch glockig, Kelchzähne 1–2-mal so lang wie die Kelchröhre; Fahne aufrecht, länger als Flügel bzw. Schiffchen. Hülsenfrucht 3–9 cm lang und bis 8 mm breit, kahl, mit 4 deutlichen, mindestens 2 mm breiten, gewellten Flügeln. Schmetterlingsblütengewächse, Fabaceae.

Vorkommen: Felder, Grasfluren, Brachland, Wegränder. Die mediterrane Art ist fast im gesamten Mittelmeerraum, schwerpunktmäßig aber südmediterran verbreitet und kommt außerdem noch auf Teneriffa vor.

Biologie: Die Hülsenfrüchte der Roten Spargelbohne sind essbar. Die Art wurde aus diesem Grund – und weil sie sich darüber hinaus als Zier- und auch als Grünfutterpflanze eignete – in manchen Gegenden kultiviert.

J	F	M	A	M	J	J	A	S	O	N	D

Hedysarum coronarium **Kronen-Süßklee**

3er-Check

1. Pflanze zerstreut behaart; Blätter unpaarig gefiedert (5–11 Fiedern)

2. Blütenstand lang gestielt, Blüten leuchtend karminrot

3. Hülse flach, eingeschnürt, mit 2–4 dornenbesetzten Gliedern

Merkmale: 30–100 cm. Kräftige, 1- bis mehrjährige, zerstreut behaarte Pflanze mit aufsteigenden bis aufrechten Stängeln. Blätter unpaarig gefiedert; Fiederblätter 5–11, breit-eiförmig, 15–35 mm lang, oberseits fast kahl, unterseits angedrückt behaart. Nebenblätter 3-eckig, zugespitzt. Blüten leuchtend karmin- bis purpurrot, zu 10–35 in lang gestieltem, blattachselständigem, traubigem Blütenstand. Kelch behaart, bis 8 mm lang, Kelchzähne etwa so wie die Kelchröhre; Krone 12–15 mm lang. Hülsenfrucht flach, eingeschnürt, mit 2–4 scheibenförmigen, meist mit kleinen Dornen besetzten Gliedern, die bei der Reife abbrechen. Schmetterlingsblütengewächse, Fabaceae.

Vorkommen: Kulturflächen (Felder, Wiesen); Brachland, Wegränder. In manchen Regionen als Futterpflanze angebaut und verwildert. Die Art ist ursprünglich im westlichen und zentralen Mittelmeergebiet heimisch und wurde im Ostmediterranraum eingebürgert.

Biologie: Beim **Dornigen Süßklee** (*H. spinosissimum*) sind die 2–4-gliedrigen Hülsenfrüchte mit hakenförmig gekrümmten Stacheln besetzt. Die Blätter tragen 9–17 schmale Fiederblätter. Die blassrosa Blüten sind in lang gestielten, köpfchenförmigen Trauben angeordnet.

J	F	M	A	M	J	J	A	S	O	N	D

Gargano-Taubnessel *Lamium garganicum*

1 Taubnessel-Art mit rosa- bis purpurroten Blüten in Scheinquirlen

2 Kronröhre viel länger als der Kelch; Oberlippe 2-spaltig oder gelappt

3 Blätter gegenständig, gestielt, herz-eiförmig, gekerbt-gesägt

3er-Check

Merkmale: 10–60 cm. Mehrjährige Taubnessel-Art mit 4-kantigen, aufsteigenden bis aufrechten Stängeln. Blätter gegenständig, gestielt, herz-eiförmig, 3–7 cm lang, gekerbt-gesägt. Blüten in vielblütigen, etwas entfernt stehenden Scheinquirlen, rosa bis purpurn, selten weiß. Kelch 5-zähnig, Zähne kürzer als die Röhre; Krone 2-lippig, 25–40 mm lang, Kronröhre viel länger als der Kelch; Oberlippe 2-spaltig oder unregelmäßig gelappt-gezähnt; seitliche Unterlippenlappen kurz, 3-eckig. Lippenblütengewächse, Lamiaceae.

Vorkommen: Schattige, felsige Standorte in höheren Lagen; Laubwälder. Vom östlichen Mittelmeer bis Südfrankreich, Korsika, Italien und Sizilien im Westen.

Biologie: Die Gargano-Taubnessel kommt im Mittelmeerraum in 3 Unterarten vor, die sich in der Wuchshöhe, der Behaarung und der Gestalt der Oberlippe unterscheiden.

J	F	M	A	M	J	J	A	S	O	N	D

Coridothymus capitatus **Kopfiger Thymian**

1 Aromatisch duftender Zwergstrauch mit weißfilzigen Ästen

2 Scheinquirle in dichten eiförmigen Köpfen; Kelch 2-lippig

3 Blätter fast 3-kantig, linealisch-lanzettlich, am Grund gewimpert

3er-Check

Merkmale: 20–50 cm. Intensiv aromatisch riechender, kugelbuschförmig wachsender Zwergstrauch mit weißfilzigen Ästen. Blätter sitzend, fast 3-kantig, linealisch-lanzettlich, bis 10 mm lang, spitz, am Grund gewimpert, bei Trockenheit abfallend. Blüten in Scheinquirlen, diese in dichten, eiförmigen Köpfen; Tragblätter grünlich, dachziegelig angeordnet, eiförmig-lanzettlich. Kelch 20–22-nervig, auf dem Rücken flach, 2-lippig, Unterlippe länger als die Oberlippe. Krone bis 10 mm lang, (purpur)rosa, Oberlippe 2-spaltig. Lippenblütengewächse, Lamiaceae.

Vorkommen: Garigues, Felsheiden, trockene Hänge; über Kalkgestein. Das Areal umfasst nahezu den gesamten Mittelmeerraum, nicht jedoch Südfrankreich.

Biologie: Nah verwandt und als Gewürz- und Heilpflanze geschätzt ist der **Echte Thymian** *(Thymus vulgaris)*, der nur im westlichen Mittelmeerraum heimisch ist (östlich bis Italien). Der aromatisch duftende Zwergstrauch ist durch blasspurpurne bis weißliche, bis 6 mm lange Lippenblüten (mit 10–13-nervigen Kelchröhren!) gekennzeichnet, die in unterbrochen-ährenartigen bis kopfigen Blütenständen angeordnet sind.

J	F	M	A	M	J	J	A	S	O	N	D

Großes Löwenmaul *Antirrhinum majus*

3er-Check

1 Blüten in endständiger Traube; Stängel oft drüsig behaart

2 Oberlippe 2-lappig; Röhre durch 2 wulstige Erhebungen verschlossen

3 Blätter sitzend, 2–12-mal so lang wie breit, an der Basis keilförmig

Merkmale: Bis 150 cm. 2- bis mehrjährige, oft drüsig behaarte, mehr oder weniger verzweigte, an der Basis leicht verholzte Pflanze. Untere Blätter gegenständig, obere wechselständig, linealisch, sitzend, 2–12-mal so lang wie breit, an der Basis keilförmig, kahl. Blüten in endständiger Traube; Kelch 5-zählig, mit fast gleich langen, eiförmig-länglichen, stumpfen Lappen. Krone purpurrot oder rosa, bis 50 mm lang; Oberlippe 2-lappig, Unterlippe 3-teilig, Röhre durch 2 wulstige Erhebungen (»Gaumen«, oft gelblich) verschlossen. Kapselfrucht. Rachenblütengewächse, Scrophulariaceae.

Vorkommen: Felsfluren, Mauern, steinige Hänge. Das Areal dieser westmediterranen Art umfasst ursprünglich das westliche Südeuropa bis Mittelitalien und Sizilien, die Kanaren und Madeira. Häufig als Zierpflanze kultiviert, verwildert und eingebürgert.

Biologie: Da die gaumenartige Ausstülpung der Unterlippe den Eingang zur Kronröhre maskiert, spricht man von »Maskenblumen«. Die Insekten (meist Hummeln) führen den Rüssel in den schmalen Querspalt des Eingangs und öffnen diesen durch Nachschieben des Vorderkörpers. Nach der Nektarentnahme wird der mitgebrachte Pollen beim Herauszwängen an der Narbe abgestreift.

J	F	M	A	M	J	J	A	S	O	N	D

Misopates orontium **Acker-Löwenmaul**

1 Blütenstand locker-traubig, endständig, drüsig behaart

2 Blüten 2-lippig, am Grund sackförmig; in Tragblattachseln

3 Blätter kurz gestielt, linealisch bis länglich-lanzettlich, 2–7 mm breit

3er-Check

Merkmale: 10–60 cm. 1-jährige, aufrechte, kaum verzweigte, oben drüsig behaarte Pflanze. Untere Blätter gegenständig, obere meist wechselständig; kurz gestielt, linealisch bis länglich-lanzettlich, ganzrandig, zugespitzt, bis 5 cm lang und 2–7 mm breit. Blüten in lockeren, endständigen Trauben, einzeln in den Achseln von nach oben hin verkleinerten, linealischen Tragblättern. Krone 2-lippig, 10–15 mm lang, rosa (selten weiß), am Grund sackförmig, höchstens so lang wie der Kelch. Oberlippe 2-, Unterlippe 3-lappig, 2 Wülste verschließen gaumenartig die Kronröhre. Staubblätter 4, in der Kronröhre eingeschlossen. Kapselfrucht eiförmig, höckerig, drüsig. Rachenblütengewächse, Scrophulariaceae.

Vorkommen: Ruderalstandorte (Brachflächen, Wegränder), Kulturland (Äcker, Weinberge); auf sandigen oder steinigen kalkarmen Lehmböden. Das Verbreitungsgebiet umfasst den gesamten Mittelmeerraum, die Kanaren, Azoren, Kapverden und Madeira; darüber hinaus kommt die submediterrane Art auch in West- und Mitteleuropa und in Asien vor (meist als Ackerwildkraut verschleppt).

Biologie: Die ebenfalls »maskierten Blüten« (s. vorhergehende Art) werden von Insekten, hauptsächlich von Bienen bestäubt.

J	F	M	A	M	J	J	A	S	O	N	D

Saat-Siegwurz *Gladiolus italicus*

1 Gladiolen-Wildform mit schmal-lanzettlichen Blättern

2 Blütenähre einseitswendig, locker; je Blüte 1 kurzes, 1 langes Hochblatt

3 Mittlerer der 3 oberen Hüllen-blattzipfel größer abgesetzt

3er-Check

Merkmale: 50-100 cm. Pflanze mehrjährig. Blätter schmal-lanzett-lich, 10-16 mm breit, bis 60 cm lang. Blüten zu 4-15, mit je 1 lan-gen und 1 kurzen Hochblatt, in einseitswendiger, lockerer Ähre, rosarot. Blütenhülle unten röhrig verwachsen, Röhre schief-trich-terartig; Hüllblattzipfel mindestens so lang wie die Röhre; der mitt-lere der 3 oberen Hüllblattzipfel ist größer und deutlich von den seitlichen abgesetzt. Staubbeutel länger als die Staubfäden. Kap-selfrucht; Samen nicht geflügelt. Schwertliliengewächse, Iridaceae.

Vorkommen: Steinige Äcker (besonders Getreidefelder), Weinberge; nährstoffarme Wiesen. Mediterrane Art, deren Verbreitungsgebiet sich über den gesamten Mittelmeerraum, westlich bis zu den Kana-ren, Azoren und Madeira, östlich bis Zentralasien erstreckt.

Biologie: Sehr ähnlich ist die **Illyrische Siegwurz** *(Gladiolus illyricus)* bei der das obere Blütenhüllblatt nicht deutlich abgesetzt ist, son-dern von den beiden benachbarten überlappt wird; die Staubbeutel sind höchstens gleich lang wie die Staubfäden, die Samen im All-gemeinen geflügelt. Das Areal dieser Art umfasst die nördliche Hälfte des Mittelmeerraumes von Portugal bis zur Türkei.

| J | F | M | A | M | J | J | A | S | O | N | D |

Orchis collina **Hügel-Knabenkraut**

1 | 2

1 Blütentraube schmal, locker; Tragblätter breit-lanzettlich

2 Lippe elliptisch, ungeteilt; Sporn sackförmig, abwärts gerichtet

3 Grundblätter 2–6, rosettig, breit-lanzettlich

3er-Check

3

Merkmale: 10–40 cm. Mehrjährige Pflanze mit 2 eiförmigen Knollen. Stängel mit 2 basalen Schuppenblättern; Rosette aus 2–6 breitlanzettlichen, bis 12 cm langen und bis 3,5 cm breiten Grundblättern; darüber am Stängel bis zu 4 scheidig-stängelumfassende Laubblätter. Blüten zu 4–20 in lockerer, schmal-zylindrischer Traube, mit breit-lanzettlichen Tragblättern. Blütenhülle helmförmig, braunpurpurn bis rotlila; Lippe elliptisch, ungeteilt, vorn oft ausgerandet, fein gekerbt, etwas wellig, 9–12 mm lang; Sporn sackförmig, 5–7 mm lang, schräg abwärts gerichtet. Knabenkrautgewächse, Orchidaceae.

Vorkommen: Garigues, Magerrasen, lichte Wälder; meist auf trockenen, steinigen, kalkhaltigen Böden. Das Areal erstreckt sich über weite Teile des Mittelmeergebietes, der Schwerpunkt liegt allerdings eher in den südlichen Regionen; östlich bis zum Kaukasus und Iran (mediterran-orientalische Art).

Biologie: Aufgrund des besonders gestalteten Sporns wird die Art auch Sacksporniges Knabenkraut genannt.

J	F	M	A	M	J	J	A	S	O	N	D

Schmetterlings-Knabenkraut

Orchis papilionacea

1 Orchidee mit relativ dichten, ovalen Blütenständen

2 Blütenhüllblätter braunpurpurn, dunkler geadert

3 Lippe ungeteilt; die schmale Basis erweitert sich breit-fächerförmig

3er-Check

Merkmale: 15-40 cm. Mehrjährige, kahle Pflanze mit 2 kugelig-eiförmigen Knollen. Rosettenblätter 3–8, linealisch- bis schmal-lanzettlich, bis 18 cm lang und bis 15 mm breit; darüber 2–5 scheidige Stängelblätter. Blütenstand relativ dicht bis aufgelockert, oval, 3–14-blütig. Tragblätter gefärbt, so lang oder länger als der jeweilige Fruchtknoten. Blütenhüllblätter braunpurpurn, dunkler geadert, keinen geschlossenen Helm bildend. Lippe ungeteilt, vorn meist ausgerandet, 9–26 mm lang, die stielförmige Basis erweitert sich breit-fächerförmig; karminrot, rosa oder weißlich, oft mit dunkelroter Zeichnung. Knabenkrautgewächse, Orchidaceae.

Vorkommen: Magerrasen, Garigues, lichte Wälder, Macchien; mäßig trockene, basenreiche, meist (allerdings nicht notwendig) kalkhaltige Böden werden bevorzugt. Im gesamten Mittelmeerraum verbreitet; die Nordgrenze des Areals verläuft am Südrand der Alpen, im Osten kommt die Art bis zum Kaukasus vor.

Biologie: Die Art ist außerordentlich vielgestaltig, insbesondere im Hinblick auf Blütengröße, Lippenform und -färbung. Ob die morphologischen Rassen schon als Unterarten angesehen werden können, ist noch ungeklärt.

J	**F**	**M**	**A**	**M**	J	J	A	S	O	N	D

Orchis italica **Italienisches Knabenkraut**

1 Blütenstand eiförmig, dicht;
Grundblätter 5–10

2 Blütenhüllblätter einen lockeren
Helm bildend, länglich-spitz

3 Lippe tief 3-spaltig; Mittellappen
nochmals 3-zipfelig

3er-Check

Merkmale: 20–50 cm. Pflanze mit 2 ellipsoid- bis eiförmigen Knollen. Grundständige Rosettenblätter 5–10, länglich-lanzettlich, bis 13 cm lang und bis 3 cm breit, darüber 2–4 scheidige Stängelblätter. Blütenstand reichblütig, dicht, eiförmig; Tragblätter bis 5 mm lang. Blütenhüllblätter einen lockeren Helm bildend, rosa, dunkler geadert, länglich-spitz, äußere 8–15 mm lang, innere seitliche zungenförmig; Lippe 12–19 mm lang, tief 3-spaltig, Mittellappen nochmals geteilt, mit spitzem Zähnchen in der Mitte; Sporn bis 8 mm lang, zylindrisch, abwärts gerichtet. Knabenkrautgewächse, Orchidaceae.

Vorkommen: Magerrasen, Garigues, Gebüsche, lichte Wälder, Macchien; auf trockenen bis wechselfeuchten Böden. In weiten Bereichen des Mittelmeergebietes, insbesondere in den südlichen Regionen sowie in Kleinasien verbreitet; in Frankreich, auf Korsika und Sardinien fehlend.

Biologie: Die höchste Artenzahl der Gattung *Orchis* findet sich in Kleinasien (30 Arten); in Südeuropa kommen von der Iberischen Halbinsel über Südfrankreich, Italien, Dalmatien und Griechenland überall 20 und mehr *Orchis*-Arten vor.

J	F	M	A	M	J	J	A	S	O	N	D

Roberts Mastorchis *Barlia robertiana*

1 Pflanze kräftig; Blütenstand lang, zylindrisch, dicht

2 Lippe 3-lappig; Mittellappen 2-zipfelig, 2-mal so lang wie die seitlichen

3 Untere Laubblätter 5–10, rosettig, eiförmig-elliptisch

3er-Check

Merkmale: 25–80 cm. Mehrjährige, kräftige, kahle Pflanze mit 2 eiförmigen Knollen. Untere Laubblätter 5–10, rosettig, eiförmig bis elliptisch, bis 30 cm lang und bis 10 cm breit, fleischig, glänzend; darüber scheidig-stängelumfassende Laubblätter und krautige Tragblätter. Blütenstand 6–25 cm lang, zylindrisch, dicht. Blüten rötlich-grünlich oder -bräunlich, rot gefleckt. Hüllblätter locker helmartig; Lippe bis 2 cm lang, 3-lappig, mit welligem Rand, Mittellappen 2-zipfelig, 2-mal so lang wie die Seitenlappen; Sporn konusartig, nach unten gerichtet, bis 6 mm lang. Knabenkrautgewächse, Orchidaceae.

Vorkommen: Grasfluren, Garigues, Macchien, lichte Wälder und Gebüsche; auf basenreichen Böden. Fast im gesamten Mittelmeerraum verbreitet, im äußersten Südosten fehlend.

Biologie: Diese Orchidee fällt sofort durch ihren mastigen Wuchs auf; sie wird demzufolge auch Riesen-Knabenkraut genannt.

J	F	M	A	M	J	J	A	S	O	N	D

Ophrys tenthredinifera **Wespen-Ragwurz**

1 1–10-blütige Orchidee mit rosa-roten äußeren Hüllblättern

2 Äußere Hüllblätter breit-eiförmig, aufrecht oder rückwärts gerichtet

3 Lippe trapezförmig mit gelbem Rand und dunkelbraunem Zentrum

3er-Check

Merkmale: 10–30(45) cm. Kahle Pflanze mit 2 rundlich-eiförmigen Knollen. Rosettenblätter 3–5, breit-lanzettlich, bis 12 cm lang und bis 3,5 cm breit, darüber in der unteren Stängelhälfte 1–4 scheidenartige Laubblätter. Blütenstand 1–10-blütig; äußere Hüllblätter rosarot, breit-eiförmig, aufrecht oder rückwärts gerichtet, bis 13 mm lang und bis 10 mm breit; seitliche innere breit-dreieckig, rosa, behaart. Lippe trapezförmig, dicht behaart, basal mit 2 niedrigen Höckern, vorn mit großem Anhängsel; mit breitem, gelbem, dicht behaartem Rand, im Zentrum rotbraun bis braun, Mal graulila bis bläulich, hell berandet um den bräunlichen Lippengrund. Knabenkrautgewächse, Orchidaceae.

Vorkommen: Lichte Wälder, Gebüsche, Garigues, Trockenrasen. Fast im gesamten Mittelmeerraum verbreitet; im Westen und in der Mitte etwas häufiger als im Ostmediterrangebiet.

Biologie: Die Blüten der Ragwurz-Arten stellen raffinierte Attrappen dar, die nur von männlichen Insekten ganz bestimmter Arten bestäubt werden. Die Blüten täuschen in Form, Farbe und Duft weibliche Tiere vor. Die Männchen führen auf der Blüte Kopulationsversuche durch, bei denen die Pollinien übertragen werden.

J	F	M	A	M	J	J	A	S	O	N	D

Schnepfen-Ragwurz

Ophrys scolopax
ssp. *scolopax*

1 Blütenstand locker, 2–12-blütig; äußere Hüllblätter rosarot

2 Seitliche innere Hüllblätter rosarot, behaart, 3–7 mm

3 Lippenmittellappen elliptisch, mit hoch gebogenem Anhängsel

3er-Check

Merkmale: 10–60 cm. Pflanze mit 2 eiförmigen bis kugeligen Knollen. Rosettenblätter 3–7, lanzettlich, bis 12 cm lang und bis 25 mm breit; darüber 1–2 (4) Stängelblätter. Blütenstand lang gestreckt, locker, 2–12 (20)-blütig. Äußere Hüllblätter rosarot, meist rückwärts gerichtet, schmal-elliptisch bis eiförmig; seitliche innere 3–7 mm lang, rosarot, behaart. Lippe tief 3-lappig, 6–15 mm lang; Seitenlappen gehöckert und abwärts gerichtet; Mittellappen gewölbt, kurz behaart, braun, schmal gelb berandet; Mal braunviolett mit hellem Rand, das basale bräunliche Feld umgreifend. Knabenkrautgewächse, Orchidaceae.

Vorkommen: Lichte Wälder, Gebüsche, Garigues, Magerrasen; auf mäßig trockenen, basenreichen Böden. Das Areal umfasst je nach Unterart größere oder kleinere Bereiche des Mittelmeerraumes.

Biologie: Die Schnepfen-Ragwurz kommt in mindestens 3 Unterarten vor, bei denen diverse morphologische und geographische Rassen unterschieden werden können. Bei der ssp. *scolopax* sind die Höcker der Lippenseitenlappen bis maximal 6 mm lang, bei der ssp. *cornuta* dagegen 6–12 mm; beide haben eine kürzere Lippe als die ssp. *heldreichii*, deren Lippe 13–16 mm lang ist.

J	F	M	A	M	J	J	A	S	O	N	D

Ophrys apifera **Bienen-Ragwurz**

1 Blütenstand locker, 3–10-blütig; äußere Hüllblätter rosarot

2 Seitliche innere Hüllblätter rosa-grünlich, 3-eckig, sehr klein

3 Lippenmittellappen rundlich, mit abwärts gebogenem Anhängsel

3er-Check

Merkmale: 15–50 cm. Pflanze mit 2 eiförmig-kugeligen Knollen. Laubblätter lanzettlich, 2–4 grundständig-rosettig sowie 4–7 Stängelblätter, oberste hochblattartig. Blüten 2–10, mit rosafarbenen oder weißen äußeren Perigonblättern (11–17 mm lang) und viel kleineren (2,5–7 mm), grünlichen inneren Blütenhüllblättern. Lippe länger als breit, etwas gewölbt, in der Regel tief 3-lappig, samtig behaart; ohne Sporn; Seitenlappen herabgeschlagen, am Ansatz höckerig; Mittellappen kastanienbraun mit großem, kahlem, abwärts gebogenem Anhängsel (bis 3 mm); gelbliche Zeichnungen auf braunem Grund. Knabenkrautgewächse, Orchidaceae.

Vorkommen: Lichte Wälder, Garigues, Magerrasen; auf mäßig trockenen, basenreichen, kalkhaltigen Böden. Das Areal umfasst nahezu ganz Europa (mit Ausnahme von Nordeuropa) und reicht im Osten bis zum Iran, im Süden bis Nordafrika.

Biologie: Obwohl es sich bei den Blüten um Sexual-Täuschblumen handelt, die nur von männlichen Insekten (Bienenarten) bestäubt werden (vgl. S. 163), kommt die Fremdbestäubung bei dieser Art seltener vor. Meist tritt Selbstbestäubung auf: Die Pollienstiele krümmen sich nach unten und kontaktieren die eigene Narbe.

| J | F | M | A | M | J | J | A | S | O | N | D |

Rote Spornblume *Centranthus ruber*

3er-Check

1 Pflanze kahl, bläulichgün; Blüten in dichten Trugdolden

2 Kronröhre mit 5 ungleichen Zipfeln, 1 Staubblatt; Sporn dünn

3 Blätter gegenständig, obere mit herzförmiger Basis sitzend

Merkmale: 30–80 cm. Mehrjährige, aufrechte, kahle, bläulichgrün bereifte, an der Basis verholzte Pflanze. Blätter gegenständig, eiförmig-lanzettlich, spitz, 3–8 cm lang, meist ganzrandig, obere mit herzförmiger Basis sitzend, Grundblätter gestielt. Blüten in dichten Trugdolden, dunkel rosarot, selten weiß; Kronröhre 7–10 mm lang, mit 5 ungleichen Zipfeln, unten gespornt, nur 1 Staubblatt; Sporn dünn, 5–10 mm lang, meist doppelt so lang wie der Fruchtknoten. Achänen-Früchte mit Haarschopf. Baldriangewächse, Valerianaceae.

Vorkommen: Fels- und Mauerspalten, Felsschutt, Wegränder. Das Verbreitungsgebiet dieser mediterranen Art umfasst Südeuropa, Nordwestafrika, und Kleinasien; auf den Kanarischen Inseln, den Azoren und Madeira kommt sie wohl nur verwildert vor.

Biologie: Die Art wird häufig als Zierpflanze kultiviert und tritt vielerorts verwildert (s.o.) auf. In manchen Gegenden nutzt man sie als Heilpflanze. Aus dem Kelch, der zur Blütezeit nur als ringförmiger Wulst zu erkennen ist, entwickeln sich die fiederigen Borsten der Flugfrüchte; damit ist eine Windverbreitung möglich.

J	F	M	A	M	J	J	A	S	O	N	D

Notobasis syriaca **Syrische Kratzdistel**

3er-Check

1 Distelartige, meist violett überlaufene Pflanze; Stängel tief gefurcht

2 Köpfe mit purpurnen Röhrenblüten; Hüllblätter dornig, behaart

3 Blätter ledrig, fiederschnittig, grob dornig gezähnt, weiß geadert

Merkmale: 30–150 cm. 1-jährige, aufrechte, distelartige, oben verzweigte und meist violett überlaufene Pflanze mit tief gefurchten Stängeln. Blätter wechselständig, lanzettlich, ledrig, fiederschnittig, oberseits dunkelgrün, weiß geadert, unterseits grauhaarig. Unterste Blätter gestielt, gelappt und dornig gezähnt; Stängelblätter sitzend, mit breiten Öhrchen den Stängel umfassend, oberste fast bis auf die bedornte Blattspindel reduziert. Blütenköpfe einzeln oder zu mehreren, mit purpurfarbenen Röhrenblüten, von spinnwebig behaarten, dornigen Hüllblättern umgeben; Hüllblätter mit einfachem Dorn. Achänen(früchte) dunkelbraun, 5–6 mm lang, mit zahlreichen, etwa 15 mm langen, fiederigen äußeren und nur 1–2 mm langen, einfachen inneren Pappushaaren. Korbblütengewächse, Asteraceae.

Vorkommen: Wegränder und andere trockene Ruderalstandorte, Kultur- und Brachland. Die Syrische Kratzdistel ist als typisch mediterrane Art im gesamten Mittelmeerraum, in Südwestasien, außerdem auf Madeira und Lanzarote verbreitet.

Biologie: Die Verbreitung der Früchte erfolgt durch den Wind.

J	F	M	A	M	J	J	A	S	O	N	D

Milchfleckdistel *Galactites tomentosa*

1 Pflanze distelartig mit weißfilzigen, dornig geflügelten Stängeln

2 Nur rosa oder hellviolette Röhrenblüten, äußere vergrößert

3 Blätter tief in dornige Abschnitte unterteilt, weiß gemustert

3er-Check

Merkmale: 10–100 cm. 1–2-jährige, distelartige, aufrechte, meist nur oben verzweigte Pflanze mit weißfilzigen, dornig geflügelten Stängeln. Blätter weiß geadert oder weiß gefleckt, unterseits weißfilzig, tief in dornige Abschnitte (Dornen nur bis 6 mm lang, wenig stechend) unterteilt; untere Blätter rosettig, gestielt, verkehrtlanzettlich, obere wechselständig, sitzend, bis 18 cm lang. Blütenköpfe knapp 2 cm breit; nur rosa oder hellviolette Röhrenblüten vorhanden, äußere vergrößert und kräftiger gefärbt. Hülle glockig; Hüllblätter 3-eckig, in eine bis 10 mm lange Stachelspitze auslaufend. Achänen(früchte) 3–5 mm lang, gelblich, mit 3–4-mal so langem, fiederigem Pappus. Korbblütengewächse, Asteraceae.

Vorkommen: Ruderalstandorte: Wegränder, Viehweiden, Brachflächen. Südeuropa von Portugal bis Griechenland; Nordwestafrika, Kanaren, Madeira, Azoren.

Biologie: Die äußeren, strahlenden, intensiver gefärbten Röhrenblüten eines Köpfchens sind unfruchtbar; sie dienen lediglich als »Schauapparat« um Insekten anzulocken.

| J | F | M | A | M | J | J | A | S | O | N | D |

Silybum marianum **Mariendistel**

1 Bis 1,5 m hohe Pflanze mit 8 cm großen Blütenköpfen

2 Hüllblattanhängsel stachelig gezähnt, mit kräftigem, gelbem Dorn

3 Blätter buchtig gelappt, kräftig gelbdornig, weißfleckig

3er-Check

Merkmale: 25–150 cm. 2-jährige, wenig verzweigte, kräftige Pflanze. Rosettenblätter bis 40 cm lang, gestielt, buchtig gelappt und gelblich bedornt, lederig, glänzend dunkelgrün, weiß geadert und marmoriert. Obere Stängelblätter kleiner, stängelumfassend, dornig gezähnt. Blütenköpfe einzeln, bis 8 cm groß, lang gestielt; Hülle eiförmig; Hüllblätter mit stachelig gezähntem Anhängsel, in einen kräftigen, gelben, meist etwas abwärts gerichteten Dorn auslaufend. Ausschließlich Röhrenblüten vorhanden, purpurrot, tief 5-spaltig. Achänen 6–7 mm lang, glänzend schwarz, grau gefleckt, mit langem, weißem Pappus. Korbblütengewächse, Asteraceae.

Vorkommen: Ruderalstandorte: Schuttplätze, Wegränder, Viehweiden; meist auf trockenen, steinigen Böden. Die mediterrane Art ist zirkummediterran verbreitet, kommt darüber hinaus in Südwestasien, auf den Kanaren, Azoren und Madeira vor und ist selbst in Mitteleuropa mancherorts eingebürgert.

Biologie: Die Art dient als Gemüse- und Heilpflanze. Die jungen Blätter werden als Salat gegessen, aus den Früchten wird das Wirkstoffgemisch Silymarin gewonnen (bei Milz- und Leberleiden sowie bei Vergiftungen genutzt und zur Leberschutztherapie empfohlen).

J	F	M	A	M	J	J	A	S	O	N	D

Stern–Flockenblume *Centaurea calcitrapa*

1 Sparrig verzweigte Pflanze; Blätter grauwollig bis kurzhaarig-drüsig

2 Blütenköpfe zahlreich, sitzend; nur Röhrenblüten, fahl purpurn

3 Hüllblätter mit häutigem Rand und bis 25 mm langem, gelbem Dorn

3er-Check

Merkmale: 20–100 cm. 2-jährige, sparrig verzweigte, aufrechte oder aufsteigende Pflanze. Jüngere Blätter grauwollig, ältere, grün, kurzhaarig-drüsig; untere Blätter leierförmig-fiederspaltig, mit lanzettlichen, spitzen Abschnitten; obere Stängelblätter sitzend, lanzettlich bis spießförmig, nicht am Stängel herablaufend. Hülle bis 1 cm breit, birnenförmig; Hüllblätter mit häutigem Rand und bis 25 mm langem, abstehendem, gelbem Dorn, der an der Basis jederseits 1–3 kurze Nebendornen besitzt. Blütenköpfe zahlreich, blattachsel- oder endständig, sitzend; nur Röhrenblüten vorhanden, fahl purpurn, selten weiß, 5-zipfelig. Achänen(früchte) weißlich, braun marmoriert. Korbblütengewächse, Asteraceae.

Vorkommen: Ruderalstandorte: Wegränder, Schuttplätze, Brachland, Weideflächen. Das Areal umfasst das ganze Mittelmeergebiet, die Kanaren, Kapverden und Madeira sowie Südwestasien; in warm-gemäßigte Zonen fast weltweit verschleppt.

Biologie: Der lateinische Name *calcitrapa* bedeutet Fußangel und nimmt auf die gestrüppartige Wuchsform Bezug. Alte Heilpflanze mit fiebersenkender, appetitanregender und wundheilender Wirkung.

J	F	M	A	M	J	J	A	S	O	N	D

Tragopogon porrifolius **Roter Bocksbart**

1 Blaugrüne Pflanze; Blätter lauch-
artig, am Grund verbreitert

2 Köpfe auf keulig verdicktem Stiel;
Hüllblätter 8–9, bis 4 cm lang

3 Nur Zungenblüten, rötlichpurpurn,
lila oder dunkelviolett

3er-Check

Merkmale: 20–100 cm. 1–2-jährige, blaugrüne, wenig verzweigte, kahle oder etwas behaarte Pflanze. Blätter wechselständig, linealisch, am Grund verbreitert und halb stängelumfassend. Blütenköpfe einzeln, 7–8 cm breit, Stiel unterhalb des Blütenstandes keulig verdickt; Hüllblätter 8–9, linealisch, bis 4 cm lang. Ausschließlich Zungenblüten vorhanden, bei der ssp. *australis* (Abb. 2) halb so lang wie die Hüllblätter, dunkelviolett, bei ssp. *porrifolius* (Abb. 3) etwa so lang wie die Hüllblätter, rötlichpurpurn oder lila. Achänen(früchte) geschnäbelt, mit gefiedertem Pappus. Korbblütengewächse, Asteraceae.

Vorkommen: Grasfluren, Wegränder, Brachflächen. Die mediterrane Art ist fast im gesamten Mittelmeerraum, die ssp. *australis* auch auf den zentralen Kanarischen Inseln verbreitet.

Biologie: Der Rote Bocksbart wird oft als Zierpflanze kultiviert und verwildert vielerorts. Früher nutzte man die Art auch als Gemüsepflanze, bis sie durch die Schwarzwurzel verdrängt und ersetzt wurde.

| J | F | M | A | M | J | J | A | S | O | N | D |

Jungfer im Grünen *Nigella damascena*

1 Blüten himmelblau, mit einem Kranz fädig zerteilter Hochblätter

2 Blätter 2–3fach fein zerteilt, mit fast fädigen Abschnitten

3 Kapselfrucht kugelig, aufgeblasen

3er-Check

Merkmale: 10–50 cm. Zierliche 1-jährige Pflanze; Stängel einfach oder verzweigt. Blätter wechselständig, 2–3fach fein zerteilt mit schmal-linealischen, fast fädigen Abschnitten. Blüten von einem Kranz fädig zerteilter Hochblätter umgeben, bis 3 cm im Durchmesser; Kronblätter 5, himmelblau oder grünlichweiß, basal kurz gestielt. Nektarblätter 5, dunkler gefärbt, 2-lippig; zahlreiche Staubblätter, Fruchtknoten mit 5 Griffeln. Kugelige, aufgeblasene Kapselfrucht mit 5 samenführenden inneren und 5 leeren äußeren Fächern. Hahnenfußgewächse, Ranunculaceae.

Vorkommen: Getreidefelder und Feldränder; Brachflächen. Oft als Zierpflanze kultiviert (auch Formen mit gefüllten Blüten) und teilweise verwildert. Das Areal dieser submediterranen Art erstreckt von den Kanaren und Madeira fast über den gesamten Mittelmeerraum bis zum Schwarzen Meer; die Atlasländer bilden die südliche Verbreitungsgrenze.

Biologie: Mit der vorliegenden Art nah verwandt ist der aus Südwestasien stammende **Echte Schwarzkümmel** *(Nigella sativa)*, dessen schwarze Samen als Gewürz für Backwaren verwendet werden.

J	F	M	A	M	J	J	A	S	O	N	D

Roemeria hybrida **Bastard-Roemerie**

1 Locker behaarte Pflanze mit gelbem Milchsaft

2 Kronblätter 4, violett; Staubbeutel hell, auf dunklen Stielen

3 Blätter 2–3fach fiederschnittig; Abschnitte linealisch-lanzettlich

3er-Check

Merkmale: 15–50 cm. 1-jährige, aufrechte, verzweigte, locker behaarte Pflanze mit gelbem Milchsaft. Blätter wechselständig, 2–3fach fiederschnittig; Abschnitte linealisch-lanzettlich, borstig zugespitzt; untere Blätter gestielt, obere sitzend. Blüten einzeln, 3–6 cm im Durchmesser, violett; Kronblätter 4, an der Basis mit dunklem Fleck; Staubblätter zahlreich, mit dunklen Stielen und hellen Staubbeuteln. Frucht schotenartig, 5–10 cm lang, borstig behaart, mit 2–4 Klappen aufspringend. Mohngewächse, Papaveraceae.

Vorkommen: Ruderalstandorte: Schuttplätze, Wegränder; Kulturland. Das Areal erstreckt sich vom westlichen Mittelmeergebiet bis zum Iran; im zentralen Mittelmeerraum, beispielsweise in Italien kommt die Art nur selten vor.

Biologie: Die Pflanze führt giftige Inhaltsstoffe, die insbesondere in der Wurzel angereichert sind.

J	F	M	A	M	J	J	A	S	O	N	D

Frühlings-Gänsekresse *Arabis verna*

2 1

1 1-jährige kleine Rosettenpflanze mit endständiger Blütentraube

2 Blüten 4-zählig, Kronblätter violett, basal gelblichweiß

3 Grundblätter oval, in den Stiel verschmälert, gesägt-gezähnt

3er-Check

3

Merkmale: 5–40 cm. 1-jährige, kleine, mit Sternhaaren besetzte Rosettenpflanze. Grundblätter oval, in den Stiel verschmälert, grob gesägt bis gezähnt, bis 4 cm lang. Oft 1–2 Stängelblätter, mit herzförmigem Grund sitzend. Blüten in wenigblütiger, endständiger Traube, 4-zählig; Kelchblätter 4, abstehend behaart, davon 2 mit basaler Aussackung; Kronblätter violett, bis 8 mm lang, basal gelblichweiß. Schotenfrucht 4–6 cm lang, schmal, abstehend behaart, an kurzem, dickem Stiel aufrecht abstehend. Kreuzblütengewächse, Brassicaceae.

Vorkommen: Schattige Standorte in Fels- und Grasfluren sowie auf Brachflächen; bis in die montane Stufe. Fast im gesamten Mittelmeerraum verbreitet.

Biologie: Die Familie der Kreuzblütengewächse tritt im Mittelmeerraum mit mehr als 100 Gattungen auf. Meist handelt es sich um 1-2- oder mehrjährige krautige Pflanzen, deren Blüten stets denselben Bau aufweisen: 4 Kelch- und 4 Kronblätter, 2 äußere, kurze und 4 innere, lange Staubblätter, 4 zu einem oberständigen Fruchtknoten verwachsene Fruchtblätter.

J	F	M	A	M	J	J	A	S	O	N	D

Cakile maritima **Europäischer Meersenf**

1 Blüten in Trauben, hellviolett, Kronblätter genagelt

2 Blätter fleischig, kahl, graugrün, 1–2fach fiederschnittig

3 Schötchen kurz gestielt, 2 Abschnitte, bei Reife spießförmig-kantig

3er-Check

Merkmale: 15–60 cm. 1-jährige, reich verzweigte, niederliegende oder aufsteigende Pflanze. Blätter wechselständig, fleischig, kahl, grau- bis blaugrün, 1–2fach fiederschnittig, auch ungeteilt, besonders die oberen. Blüten in Trauben, hellviolett, seltener weiß, 4-zählig, duftend; Kronblätter genagelt. Schötchenfrucht an kurzem dickem Stiel fast waagrecht abstehend, bis 2,5 cm lang, 2 Abschnitte, bei Reife spießförmig-kantig durch 2 seitliche Vorsprünge im unteren Abschnitt; jeder Abschnitt 2-samig. Kreuzblütengewächse, Brassicaceae.

Vorkommen: Nährstoffreiche Spülsaumgesellschaften der Meere auf stark durchfeuchteten, salzreichen, gelegentlich überschwemmten Sandstrandabschnitten und Vordünen. Mediterran-atlantische Art (Küsten des Mittelmeeres, Atlantiks und des Schwarzen Meeres).

Biologie: Der Meersenf gehört zu den salztoleranten Arten. Die sukkulenten Blätter stellen aufgrund ihrer Wasserspeicherkapazität eine Anpassung an den hohen Salzgehalt des Substrates dar. Die Keimung erfolgt erst im Spätfrühling mit der Erwärmung des Bodens. Der hohe Stickstoffgehalt modernder Tangbeete begünstigt die rasche Entwicklung.

J	F	M	A	M	J	J	A	S	O	N	D

Schmalblättriger Lein *Linum bienne*

1 Schlanke Pflanze mit linealisch-lanzettlichen, zugespitzten Blättern

2 Kronblätter 2–3-mal so lang wie die eiförmigen, spitzen Kelchblätter

3 Kapselfrucht annähernd kugelig, 4–6 mm groß

3er-Check

Merkmale: 10–60 cm. 2- oder mehrjährige, schlanke, aufsteigende oder aufrechte, meist verzweigte Pflanze; neben blühenden auch nicht blühende, beblätterte Triebe. Blätter linealisch oder linealisch-lanzettlich, zugespitzt, 0,5–1,5 mm breit, 1–3-nervig. Kronblätter blau bis blassviolett, 10–15 mm lang, 2–3-mal so lang wie die Kelchblätter; diese eiförmig-zugespitzt, mit auffallendem Mittelnerv. Kapselfrucht annähernd kugelig, 4–6 mm groß, Schnabel etwa 1 mm lang. Leingewächse, Linaceae.

Vorkommen: Grasfluren, Trockenhänge. Das Verbreitungsgebiet der mediterran-atlantischen Art umfasst nahezu den gesamten Mittelmeerraum, Westeuropa (nördlich bis zum 54. Breitengrad auf den Britischen Inseln), die Kanaren, Azoren und Madeira.

Biologie: Die vorliegende Art ist vermutlich die Stammform des Saat-Leins oder **Flachs** *(Linum usitatissimum)*, der als eine der ältesten Faserpflanzen zur Tuchherstellung (Linnen) bereits den Ägyptern bekannt war. Das Leinöl wird aus den Samen gewonnen und u.a. für Lacke und Farben, der ausgepresste Rückstand als Mastfutter verwendet. Leinsamen werden auch bei diversen Brotsorten dem Teig beigemischt.

J	F	M	A	M	J	J	A	S	O	N	D

Anagallis arvensis **Acker-Gauchheil**

1 Niederliegende oder aufsteigende Pflanze

2 Blüten 5-zählig, blau; Kronzipfel in der unteren Hälfte überlappend

3 Blätter gegenständig, eiförmig; Stängel 4-kantig

3er-Check

Merkmale: 10–30 cm. 1-jährige, niederliegende oder aufsteigende Pflanze mit 4-kantigem Stängel. Blätter gegenständig, eiförmig, spitz oder stumpf. Blüten 5-zählig, blau, seltener rot; Kelchblätter kürzer als die Knospe. Kronzipfel 4–7 mm lang, verkehrt-eiförmig, in der unteren Hälfte überlappend, sodass bei geöffneter Blüte von den Kelchblättern nur die äußeren Spitzen zu sehen sind. Kronblätter am Rand drüsig. Primelgewächse, Primulaceae.

Vorkommen: Nährstoffreiche Äcker, Weinberge, Gärten; Brachflächen, Ruderalstandorte, Garigues. Die ursprünglich (sub)mediterrane Art kommt nicht nur im gesamten Mittelmeerraum, sondern in gemäßigten und subtropischen Breiten inzwischen weltweit (verschleppt) vor.

Biologie: Die Art gilt als Nährstoffzeigerpflanze; die Bestäubung erfolgt durch Insekten oder durch Selbstbestäubung. Sehr ähnlich ist der ebenfalls im Mittelmeerraum und auf den Kanaren heimische **Blaue Gauchheil** *(Anagallis foemina)*, dessen Kronblätter sich bei geöffneter Blüte nicht überlappen, sodass die Kelchblätter (so lang wie die Knospe) hier komplett sichtbar sind.

J	F	M	A	M	J	J	A	S	O	N	D

Großes Immergrün *Vinca major*

3er-Check

1 Immergrüner Halbstrauch mit weit kriechenden Trieben

2 Blüten blauviolett 3–5 cm breit, Zipfel vorn schief abgeschnitten

3 Blätter eiförmig, an der Basis herzförmig, am Rand fein gewimpert

Merkmale: Bis 30 cm hoch; 2 m weit kriechend. Immergrüner Halbstrauch. Blätter gegenständig, bis 5 cm lang und 2 cm breit, kurz gestielt, eiförmig, an der Basis abgerundet-herzförmig, am Rand fein gewimpert. Blüten blattachselständig, blauviolett, 5-zählig; Kelchzipfel schmal-dreieckig, am Rand dicht bewimpert. Kronröhre 12–15 mm lang, Saum 3–5 cm breit, mit vorn schief abgeschnittenen Zipfeln. Balgfrucht schmal-zylindrisch. Hundsgiftgewächse, Apocynaceae.

Vorkommen: Schattige Gebüsche und Wälder; Hecken. Als Bodendecker häufig in Gärten angepflanzt und verwildert. Westmediterrane Art; das Areal erstreckt sich von den Kanaren, Azoren und Madeira über den westlichen und zentralen Teil des Mittelmeerraumes; weiter östlich verschleppt.

Biologie: Wie andere Immergrün-Arten enthält auch die vorliegende Indol-Alkaloide. Im westlichen Mittelmeerraum ebenfalls häufig ist das **Mittlere Immergrün** *(Vinca difformis)* mit eiförmig-lanzettlichen, an den Rändern kahlen Laubblättern und nicht bewimperten Kelchblättern.

J	F	M	A	M	J	J	A	S	O	N	D

Convolvulus tricolor **Dreifarbige Winde**

1 Aufrechte bis niederliegende, verzweigte, oben dicht abstehend behaarte Pflanze

2 Krone 3-farbig: an der Basis gelb, in der Mitte weiß, am Rand leuchtend azurblau, 1,5–4 cm lang

2er-Check

Merkmale: 20–60 cm. 1-jährige, aufrechte bis niederliegende, verzweigte, oben zottig behaarte Pflanze. Blätter wechselständig, sitzend, länglich bis verkehrt-eiförmig, an der Basis verschmälert, meist behaart, bis 4 cm lang. Blüten einzeln in den Achseln der oberen Blätter, Blütenstiel so lang oder länger als das zugehörige Blatt. Kelchblätter behaart. Krone trichterförmig, 1,5–4 cm lang, 3-farbig: an der Basis gelb, in der Mitte weiß, am Rand leuchtend azurblau. Fruchtkapsel zottig behaart. Windengewächse, Convolvulaceae.

Vorkommen: Kulturflächen, Brachland, Wegränder; auch als Zierpflanze kultiviert. Das Areal dieser mediterranen Art umfasst den gesamten Mittelmeerraum, die zentralen Kanarischen Inseln und Madeira.

Biologie: Von den etwa 250 bekannten Winden-Arten kommen etwa 30 im Mittelmeerraum vor; an Lebensformen treten dabei vorwiegend 1-jährige Kräuter, Stauden und Halbsträucher auf.

J	F	M	A	M	J	J	A	S	O	N	D

Färber-Alkanna *Alkanna tinctoria*

3er-Check

1 Pflanze grauhaarig-samtig, drüsenlos, Blüten in dichten Wickeln

2 Blüten trichterförmig, bis 10 mm breit, kräftig violett

3 Obere Blätter sitzend, am Grund herzförmig; mit Borstenhaaren

Merkmale: 10–30 cm. Pflanze mehrjährig, grauhaarig-samtig, drüsenlos, mit Borstenhaaren. Untere Blätter gestielt, linealisch-lanzettlich, bis 15 cm lang und bis 15 mm breit; obere sitzend, am Grund herzförmig. Blüten in zunächst dicht-knäueligen, dann verlängerten Wickeln; Tragblätter kaum länger als der 5-teilige Kelch. Krone trichterförmig, kräftig violett, am Saum bis 10 mm breit; Kronröhre so lang wie der Kelch, im Schlund mit einem Haarring. Staubblätter 5. Nüsschen mit warzenartigen Strukturen. Raublattgewächse, Boraginaceae.

Vorkommen: Sandstrände und Felsfluren in Küstennähe, Garigues; Brachland; kalkhaltige Böden werden bevorzugt. Fast im gesamten Mittelmeerraum verbreitet, in Südosteuropa auch weiter nördlich.

Biologie: Der Name deutet an, dass es sich bei dieser Art um eine alte Färberpflanze (»Falsche Alkanna«) handelt. Die Wurzelrinde enthält eine farblose Substanz, die sich beim Trocknen in den roten Farbstoff Alkannin verwandelt. Dieser wurde früher zum Färben von Salben und alkoholischen Getränken verwendet; auch heute noch ist er als fettlöslicher Lebensmittelfarbstoff zugelassen. »Echte Alkanna« stammt von *Lawsonia inermis* (»Henna«).

J	F	M	A	M	J	J	A	S	O	N	D

Anchusa italica
Syn.: *A. azurea* **Italienische Ochsenzunge**

1 Pflanze mit steifen, stechenden, weißen Haaren; Blüten in Wickeln

2 Blüten azurblau; mittig weißer Ring aus 5 behaarten Schlundschuppen

3 Untere Blätter länglich-lanzettlich, in den Stiel verschmälert

3er-Check

Merkmale: 20–150 cm. Mehrjährige, kräftige, aufrechte, oben meist reich verzweigte Pflanze mit steifen, stechenden, oft auf Höckern sitzenden, weißen Haaren. Blätter länglich bis lanzettlich, untere 10–35 cm lang und bis 5 cm breit, in den Stiel verschmälert; obere Blätter sitzend, kleiner. Blüten leuchtend azurblau bis violett, in Wickeln und diese in großen Rispen. Tragblätter kürzer als der fast bis zum Grund 5-teilige Kelch. Kronröhre etwa so lang wie der Kelch; Saum bis 15 mm breit, mittig mit weißem Ring aus 5 behaarten Schlundschuppen. Nüsschen länglich, 7–10 mm, dicht runzelig-warzig. Raublattgewächse, Boraginaceae.

Vorkommen: Kulturland, Brachflächen, Wegränder. Typisch mediterrane Art, deren Areal sich von den Kanarischen Inseln und Madeira über den gesamten Mittelmeerraum bis zum Iran erstreckt. Im südlichen Mitteleuropa teilweise eingebürgert.

Biologie: Die vorliegende Art zeigt den typischen Blütenaufbau der Raublattgewächse: 5-Zähligkeit bei Kelch, Krone und Staubblättern; oberständiger, aus 2 Fruchtblättern verwachsener Fruchtknoten, der durch falsche Scheidewände 4-fächerig wird.

| J | F | M | A | M | J | J | A | S | O | N | D |

Borretsch *Borago officinalis*

1 Pflanze abstehend borstig behaart, mit lockeren Blütenrispen

2 Blütenstiele bis 3 cm lang, übergebogen; Blüten leuchtend blau

3 Staubblätter schwarzviolett, einen Kegel bildend, mit Anhängsel

3er-Check

Merkmale: 20–70 cm. 1-jährige, abstehend borstig behaarte, kräftige Pflanze mit im oberen Bereich verzweigten Stängeln. Blätter eiförmig bis lanzettlich, borstig behaart; untere rosettenartig, in einen geflügelten Blattstiel verschmälert, bis 20 cm lang und bis 4 cm breit; obere Blätter wechselständig, sitzend, stängelumfassend, nach oben an Größe abnehmend. Blüten in lockeren Rispen, an bis 3 cm langen, übergebogenen Blütenstielen, 2–3 cm im Durchmesser. Krone leuchtend blau, selten weiß, mit sehr kurzer, weißlicher Röhre und 5 flach ausgebreiteten, spitzen Kronzipfeln. Staubblätter schwarzviolett, einen Kegel bildend, auf dem Rücken mit Anhängsel. Nüsschen 4, braun, bis 1 cm lang, warzig. Raublattgewächse, Boraginaceae.

Vorkommen: Kultur- und Brachflächen, Wegränder, Schuttplätze; in Gärten kultiviert und z. T. verwildert. Die ursprünglich westmediterrane Art ist heute auf den Kanaren, Azoren und Madeira, im gesamten Mittelmeerraum und auch weiter östlich verbreitet.

Biologie: Wegen des gurkenähnlichen Geschmacks wird der Borretsch auch Gurkenkraut genannt. Heilpflanze (Bronchitis, Katarrhe, Rheumatismus), Salat- und Gewürzpflanze. Bienenweide.

J	F	M	A	M	J	J	A	S	O	N	D

Cynoglossum creticum **Kretische Hundszunge**

3er-Check

1 Weich behaarte, oben verzweigte Pflanze; Blüten in Wickeln

2 Krone erst rosa, dann blau, mit auffälliger, dunkelvioletter Aderung

3 Blätter länglich-lanzettlich, dicht behaart, obere sitzend

Merkmale: 20-70 cm. 1-2-jährige, weich und weißlich behaarte, oben meist verzweigte Pflanze. Blätter länglich-lanzettlich, dicht behaart; untere rosettenförmig, in einen langen Stiel verschmälert, bis 15 cm lang; obere wechselständig, halb stängelumfassend sitzend. Blüten in tragblattlosen Wickeln, kurz gestielt. Kelch 6-8 mm lang, 5-zipfelig, fast bis zum Grund in längliche Abschnitte geteilt. Krone erst rosa, dann blau, mit auffälliger, dunkelvioletter Netzaderung; Saum mit 5 rundlichen Lappen, Röhre mit 5 Schlundschuppen. Klausen (Nüsschen) abgeflacht, mit widerhakigen Stacheln besetzt. Raublattgewächse, Boraginaceae.

Vorkommen: Brachflächen, Wegränder, Garigues. Das Areal umfasst den gesamten Mittelmeerraum, die Kanaren, Azoren und Madeira und reicht bis Südwestasien.

Biologie: Das Alkaloid Cynoglossin, das als Inhaltsstoff der Wurzel bei mehreren Arten der Gattung, vor allem bei der Echten Hundszunge *(C. officinale)* vorkommt, wirkt bei wechselwarmen Tieren lähmend auf das Nervensystem.

| J | F | M | A | M | J | J | A | S | O | N | D |

Sodomsapfel *Solanum sodomaeum*

1

2

3

3er-Check

1	Sparrig verzweigter Strauch; Stängel und Blätter mit gelben Stacheln
2	Blüten stiel-tellerartig, blauviolett, Saum 5-eckig-rundlich
3	Blätter fiederteilig, mit buchtig-gewellten, abgerundeten Abschnitten

Merkmale: 0,5–3 m. Sparrig verzweigter Strauch, Stängel und Blätter mit gelben, bis 15 mm langen Stacheln besetzt; sternhaarig. Blätter gestielt, 5–13 cm lang, fast bis zur Mitte fiederteilig, mit buchtig-gewellten, abgerundeten Abschnitten; kräftige, gelbe, gerade Stacheln auf den Blattnerven. Blüten einzeln, stiel-tellerartig, 25–30 mm breit, blauviolett; Saum 5-eckig-rundlich, sternförmig ausgebreitet, außen weich-sternhaarig. Beerenfrüchte zunächst weiß-grün marmoriert, später glänzend gelb bis braun, 2–3 cm groß. Nachtschattengewächse, Solanaceae.

Vorkommen: Ruderalstandorte: Wegränder, Schuttplätze; Sandstrände. Die Art stammt aus Südafrika, ist aber in weiten Bereichen des Mittelmeerraumes eingebürgert, insbesondere im Westen und in der Mitte.

Biologie: Der Sodomsapfel ist durch den Gehalt von Alkaloiden giftig.

J	F	M	A	M	J	J	A	S	O	N	D

Mandragora autumnalis **Herbst-Alraune**

1 Niedrige Pflanze; Blüten inmitten der auffallend großen Blattrosette

2 Blütenkrone glockenförmig mit 5 3-eckigen Zipfeln

3 Beere eiförmig, gelb bis orange, vom Kelch umschlossen

3er-Check

Merkmale: 10–20 cm. Mehrjährige, niedrige Pflanze mit auffallend großer, flacher Blattrosette und dicker, fleischiger, oft zweigeteilter Wurzel. Rosettenblätter gestielt, eiförmig-länglich, am Rand gewellt, bis 15 cm lang, kahl oder schwach behaart. Blüten einzeln, blattachselständig in der Rosettenmitte, aufrecht, glocken- bis trichterförmig, hellviolett, mit 5 3-eckigen Kronzipfeln, 3–4 cm lang und 2–3 cm im Durchmesser; Kelch 5-zipfelig, glockig, zur Fruchtzeit stark vergrößert. Beerenfrucht eiförmig, gelb bis orangerot, bis 3 cm lang, vom Kelch umschlossen. Nachtschattengewächse, Solanaceae.

Vorkommen: Brachflächen, Kulturland, Wegränder. Die Herbst-Alraune ist eine Art mit südmediterraner Verbreitung (nördliche Arealgrenze vom Zentrum der Iberischen Halbinsel über Mittelitalien, Südgriechenland bis zum östlichen Mittelmeer).

Biologie: Wegen der menschenähnlichen Gestalt der Wurzel und der giftigen Inhaltsstoffe spielte die Herbst-Alraune als Kultpflanze eine bedeutsame Rolle. Die in allen Organen giftige Pflanze enthält Tropanalkaloide mit teils dämpfenden, teils zentralerregenden Wirkungen. Schmerz- und Schlafmittel.

J	F	M	A	M	J	J	A	S	O	N	D

Schopfige Traubenhyazinthe

Muscari comosum
Syn.: *Leopoldia com...*

1 Zwiebelpflanze; Stängel blattlos; Rosettenblätter breit-linealisch

2 Traube oben mit einem Schopf blauvioletter, steriler Blüten

3 Untere Blüten blassbraun, fertil, röhrig-glockig; gelbliche Zähne

3er-Check

Merkmale: 15–50 (80) cm. Mehrjährige, kahle Pflanze mit 1 cm dicker Zwiebel; gelegentlich Nebenzwiebeln; Zwiebelhülle braun. Stängel kräftig, blattlos. Rosettenblätter 3–6, breit-linealisch (bis 10 mm breit), oft gebogen, rinnig, bis 40 cm lang, am Rand rau. Blüten in reichblütigen, lang gestreckten, eher lockeren Trauben. Am oberen Traubenende ein Schopf blauvioletter, aufwärts gerichteter, steriler Blüten, darunter die blassbraunen, oft etwas grünlichen, röhrig-glockigen, fertilen Blüten an waagrecht abstehenden Stielen. Kronzipfel 0,5–1 mm lang, gelblich bis beige. Kapselfrucht 10–15 mm lang. Hyazinthengewächse, Hyacinthaceae.

Vorkommen: Gariques, Trockenrasen, Felsheiden, Gebüsche; steiniges Weideland, Kulturflächen. Das Verbreitungsgebiet erstreckt sich von den Kanarischen Inseln über den gesamten Mittelmeerraum bis zum Schwarzen Meer und Nordägypten; im Norden strahlt die Art in wärmeren Gebieten bis nach Mitteleuropa aus.

Biologie: Wegen des bisamartigen Duftes wird diese Traubenhyazinthen-Art auch Bisamhyazinthe genannt. Die amethystfarbenen, sterilen Schopfblüten fungieren als »Schauapparat«, als Anlockungsmittel für die bestäubenden Insekten.

J	F	M	A	M	J	J	A	S	O	N	D

Romulea bulbocodium # Großblütiger Scheinkrokus

1

1 Krokusähnliche Pflanze mit kurzem, bis 5-blättrigem und 1–6-blütigem Stängel

2 Blüten 2–5,5 cm lang, Kronröhre innen gelb, Kronzipfel violett bis weiß, auch grünlich, spitz

2er-Check

2

Merkmale: 3–15 cm; Blätter bis 30 cm. Mehrjährige, krokusähnliche, kahle Pflanze mit asymmetrischer, unterirdischer Knolle. Stängel kurz; grundständige Blätter 2, fast rund, binsenartig, 4-furchig, meist liegend, auch aufrecht, 5–30 cm lang und bis 2 mm breit; bis zu 5 Stängelblätter. Blüten zu 1–6, krokusartig, 2–5,5 cm lang, Kronröhre 3–8 mm lang, innen gelb; Kronzipfel violett bis weiß, auch grünlich, spitz. Griffel mit 3 gabeligen Narbenästen deutlich länger als die Staubblätter. Schwertliliengewächse, Iridaceae.

Vorkommen: Garigues, trockene Gras- und Felsfluren; Macchien, lichte Wälder. Die Arealgrenzen verlaufen von Portugal über Südfrankreich bis Bulgarien, von Marokko bis zum östlichen Mittelmeer.

Biologie: Die ähnliche, im Mittelmeerraum und auf den Kanaren verbreitete Art *Romulea columnae* besitzt kleinere (nur bis 19 mm lange) blassviolette Trichterblüten, die innen dunkler geadert und deren Staubblätter länger als die Narben sind.

J	F	M	A	M	J	J	A	S	O	N	D

Schmalblättrige Lupine *Lupinus angustifolius*

3er-Check

1 Pflanze nur kurz behaart, mit gefingerten Blättern

2 Blüten 10–14 mm; Schiffchen blasser, an der Spitze oft violett

3 Teilblätter 5–9, linealisch bis schmal-spatelig, oberseits kahl

Merkmale: 20–80 cm. 1-jährige, aufrechte, wenig verzweigte, nur kurz behaarte Pflanze. Blätter gefingert, bis 5 cm lang gestielt. Teilblätter 5–9, linealisch bis schmal-spatelig, 1–5 cm lang, 1–6 mm breit, oberseits kahl, unterseits zerstreut behaart. Nebenblätter linealisch. Blüten in 10–20 cm langen, exponierten Trauben, blau, 10–14 mm lang, kurz gestielt. Kelch 2-lippig, glockig, Unterlippe 6–7 mm lang. Fahne blau, oft purpurn getönt; Schiffchen etwas blasser als die etwa gleich langen Flügel, an der Spitze oft dunkelviolett. Hülsenfrucht 4–7 cm lang, gelb bis schwarz, behaart. Schmetterlingsblütengewächse, Fabaceae.

Vorkommen: Brachflächen, Kulturland, Garigues; Gebüsche, Macchien. Vorzugsweise auf sauren, sandigen Böden. Das Areal dieser typisch mediterranen Lupinenart erstreckt sich von den Kanarischen Inseln und Madeira über den gesamten Mittelmeerraum.

Biologie: Da die Schmalblättrige Lupine sowohl als Zierpflanze als auch zur Gründüngung kultiviert wird, findet man sie auch außerhalb ihres natürlichen Verbreitungsgebietes. Die Wildform im Mittelmeerraum ist giftig, inzwischen existieren jedoch ungiftige, »süße« Züchtungen, die als Futterpflanzen genutzt werden.

| J | F | M | A | M | J | J | A | S | O | N | D |

Lupinus varius **Bunte Lupine**

3er-Check

1 Pflanze dicht behaart, mit gefingerten Blättern

2 Blüten 15–17 mm; Fahne mit Fleck: weiß, gelb oder purpurn

3 Teilblätter 9–11, lanzettlich bis länglich-eiförmig, seidenhaarig

Merkmale: 20–50 cm. 1-jährige, aufrechte, dicht behaarte Pflanze. Blätter gefingert, 9–11 Teilblätter, je 2,5–3,5 cm lang und 6–9 mm breit, lanzettlich bis länglich-eiförmig, mit aufgesetzter Spitze, beiderseits seidenhaarig. Nebenblätter linealisch. Blüten unregelmäßig quirlständig in bis zu 10 cm langen Trauben, 15–17 mm lang, 1–4 cm lang gestielt. Kelch behaart, 2-lippig, Oberlippe 2-teilig, Unterlippe schwach 3-zähnig bis fast ganzrandig. Fahne mit weißem, gelbem oder blasspurpurnem Fleck. Hülsenfrucht 4–5 cm lang und bis 20 mm breit, dunkel rotbraun, weichhaarig. Schmetterlingsblütengewächse, Fabaceae.

Vorkommen: Brachflächen; Gebüsche; vorzugsweise auf sauren Böden. Der Mittelmeerraum wird von 2 Unterarten besiedelt, von denen die ssp. *varius* schwerpunktmäßig im Westen (bis Italien), die ssp. *orientalis* im Osten (von Griechenland bis Westasien) vorkommt.

J	F	M	A	M	J	J	A	S	O	N	D

Asphaltklee
Bituminaria bituminosa
Syn.: *Psoralea bituminosa*

1 Pflanze intensiv nach Teer riechend; anliegend behaart

2 Blütenköpfe lang gestielt; Krone blau- bis schmutzigviolett

3 Blätter 3-teilig, lang gestielt; Fiedern schmal-eiförmig bis elliptisch

3er-Check

Merkmale: 20–100 cm. Mehrjährige, aufrechte, mehr oder weniger dicht anliegend behaarte Pflanze mit verholzter Basis, intensiv nach Teer riechend. Blätter 3-teilig, lang gestielt; Fiedern schmal-eiförmig bis elliptisch, 1–6 cm lang, 0,5–3 cm breit, ganzrandig, drüsig punktiert. Blüten zu 7–30 in dichten, 2–3,5 cm großen, 10–30 cm lang gestielten, blattachselständigen Köpfen; Köpfe an der Basis mit 2–3-zähnigen Hochblättern. Kelch behaart, 12–18 mm lang; Krone blau- bis schmutzigviolett, Fahne länger als Flügel und Schiffchen. Hülsenfrucht 1-samig, zusammengedrückt, mit schwertförmigem Schnabel. Schmetterlingsblütengewächse, Fabaceae.

Vorkommen: Wegränder, Trockenwiesen, Gebüsche, Brach- und Ruderalflächen. Von den Kanaren und Madeira im Westen über den gesamten Mittelmeerraum bis zum Schwarzen Meer und Arabien im Osten verbreitet.

Biologie: Der Asphaltklee ist auch unter dem Namen Harzklee bekannt. Beim Zerreiben von Blättern oder Stängel verstärkt sich der unverwechselbar typische Geruch der Pflanze.

J	F	M	A	M	J	J	A	S	O	N	D

Coris monspeliensis **Stachelträubchen**

3er-Check

1 Pflanze basal verholzt, reich verzweigt, dicht beblättert

2 Blütenstand ährig, dicht; Krone mit 5 ungleichen, 2-lappigen Zipfeln

3 Blätter dicht stehend, linealisch, fast nadelartig, lederig

Merkmale: 10–30 cm. Mehrjährige, reich verzweigte, an der Basis verholzte Pflanze. Blätter wechselständig, dicht, lederig, linealisch, fast sitzend; am Rand meist umgerollt; behaart oder kahl, bis 2 cm lang und bis 3 mm breit; oft 2-reihig schwarz gepunktet. Blüten zahlreich, in dichtem, ährigem, endständigem Blütenstand. Kelch glockig, 5–7 mm lang, 2-reihig gezähnt: außen 6–21 lange, unglei-che, dornige, innen 5 breit-dreieckige, rot oder schwarz gefleckte Zähne. Krone 9–12 mm lang, blauviolett oder rosa, 2-lippig, mit 5 ungleichen, 2-lappigen Zipfeln. Kapselfrucht annähernd kugelig. Primelgewächse, Primulaceae.

Vorkommen: Garigues; trockene, sandige oder steinige Standorte oft in Küstennähe; Macchien. Der Verbreitungsschwerpunkt liegt im westlichen und mittleren Mediterrangebiet (östlich bis zur Adria, in Nordafrika bis Ägypten).

Biologie: Die Gattung Coris kommt im Mittelmeerraum nur mit 2 Arten vor. Das weiß oder blassrosa blühende Spanische **Stachel-träubchen** *(C. hispanica)* ist ein Lokalendemit mit eng begrenztem Areal in Südostspanien.

J	F	M	A	M	J	J	A	S	O	N	D

Wegerichblättriger Natternkopf

Echium plantagineum

1	Weichborstig behaarte Pflanze; Blüten blau, später purpurrosa
2	Krone trichterförmig, 2 der 5 Staubblätter herausragend
3	Wegerichähnliche Blattrosette, Grundblätter lang gestielt

3er-Check

Merkmale: 20–60 cm. 1- oder 2-jährige, aufrechte, meist verzweigte, weichborstig behaarte Pflanze. Grundblätter in einer wegerichähnlichen Rosette, lang gestielt, eiförmig-spatelig, mit erhabener Nervatur, bis 14 cm lang. Stängelblätter mit herzförmigem Grund sitzend, den Stängel zur Hälfte umfassend. Blütenstand meist verzweigt; Krone blau, später purpurrosa, breit-trichterförmig, 18–30 mm lang; Saum schief, mit 5 ungleichen Lappen, außen nur am Rand und auf den Nerven behaart; 2 der 5 Staubblätter ragen aus der Blüte heraus. Klausenfrüchte (Nüsschen) warzig. Raublattgewächse, Boraginaceae.

Vorkommen: Wegränder, trockene Brachflächen, Sandböden in Küstennähe. Mediterrane Art, deren Areal die Kanaren, Azoren und Madeira, den gesamten Mittelmeerraum und Teile Westeuropas (im Norden bis Südwestengland) umfasst.

Biologie: Im Mittelmeerraum finden sich etwa 60 krautige Arten der Gattung Echium. Die Kanarischen Inseln stellen ein Entfaltungszentrum dar. Hier gibt es neben mehrjährigen Kräutern auch verholzte, strauchige Arten, von denen die meisten ausgesprochene Endemiten sind, die teilweise nur auf 1 Insel vorkommen.

J	F	M	A	M	J	J	A	S	O	N	D

Vitex agnus-castus **Keuschbaum**

1 Sommergrüner Strauch; Blätter 5–7fach handförmig geteilt

2 Blüten in Quirlen; Blütenstände ährenartig, unterbrochen

3 Krone trichterartig, schief-zweilippig, 4 herausragende Staubblätter

3er-Check

Merkmale: 1–6 m. Sommergrüner, kräftiger Strauch mit aromatischem Geruch und 4-kantigen Zweigen. Blätter gegenständig, lang gestielt, 5–7fach handförmig geteilt; Fiederblätter gestielt, lanzettlich, bis 10 cm lang, nahezu ganzrandig, oberseits dunkelgrün, kahl, unterseits weißfilzig. Blüten blauviolett (auch rosa oder weiß), quirlartig in unterbrochenen, ährenartigen, dichten Blütenständen. Krone trichterartig, schief-zweilippig, mit 2-lappiger Ober- und 3-lappiger Unterlippe, behaart. Staubblätter 4, weit aus der Blüte herausragend. Steinfrucht kugelig, 3–4 mm groß, fleischig, rötlichschwarz. Eisenkrautgewächse, Verbenaceae.

Vorkommen: Feuchte Standorte an Bach- und Flussufern, in Küstennähe; auch als Zierstrauch angepflanzt. Das Areal umfasst nahezu den gesamten Mittelmeerraum und reicht bis Südwestasien.

Biologie: Der Artname und ähnliche Namen wie Keuschlamm, Mönchspfeffer oder Abrahamspfeffer nehmen einerseits Bezug auf die scharf schmeckenden und als Pfefferersatz verwendeten Früchte, andererseits auf die angeblich den Sexualtrieb hemmende Wirkung. Zweige der Pflanze wurden schon im antiken Griechenland als Symbol und zum Schutz der Keuschheit verwendet.

| J | F | M | A | M | J | J | A | S | O | N | D |

Strauchiger Gamander *Teucrium fruticans*

2 **1**

1 Immergrüner Strauch mit 4-kantigen, weißfilzigen Zweigen

2 Oberlippe fehlt, Unterlippe 5-lappig; Mittellappen lang

3 Blätter kurz gestielt, oberseits dunkelgrün, unterseits weißfilzig

3er-Check

3

Merkmale: 40–120 cm. Immergrüner Strauch mit 4-kantigen, weißfilzigen Zweigen. Blätter gegenständig, kurz gestielt, lanzettlich bis eiförmig, bis 4 cm lang, oberseits dunkelgrün, unterseits weißfilzig. Blüten jeweils in Scheinwirteln zu 2 in den oberen Blattachseln, eine lange, durchblätterte Ähre bildend, (blass) blau bis lila, 15–25 mm lang. Kelch glockig, kurz, außen weißfilzig behaart. Oberlippe fehlend, Unterlippe 5-lappig, mit langem, violett geadertem Mittellappen; Kronröhrenschlund ohne Haarring, Staublätter 4, weit aus der Blüte ragend. Lippenblütengewächse, Lamiaceae.

Vorkommen: Felsige Standorte in Küstennähe, immergrüne Gebüsche; auch als Zierstrauch angepflanzt und verwildert. Das Verbreitungsgebiet erstreckt sich über den westlichen und zentralen Mittelmeerraum (östlich bis zur Adria und Sizilien).

Biologie: Typisch für alle Arten der Gattung *Teucrium* ist die fehlende Oberlippe. Der Strauchige Gamander wird im östlichen Mittelmeerraum durch den ähnlichen **Kurzblättrigen Gamander** *(T. brevifolium)* mit nur etwa 1 cm langen Blüten ersetzt, dessen Blätter länglich-linealisch und beiderseits graufilzig sind.

J	F	M	A	M	J	J	A	S	O	N	D

Rosmarinus officinalis **Rosmarin**

1 Immergrüner, buschig verzweigter, aromatisch riechender Strauch

2 Oberlippe 2-teilig, Unterlippe 3-lappig, mit großem Mittellappen

3 Blätter schmal-linealisch, lederig, Rand nach unten umgerollt

3er-Check

Merkmale: 50 cm bis 2 m. Immergrüner, buschig verzweigter, intensiv aromatisch riechender Strauch mit braunen Zweigen. Blätter gegenständig, sitzend, schmal-linealisch, 10–40 mm lang, Ränder nach unten umgerollt, oberseits tiefgrün, runzelig. Blüten blassblau, in wenigblütigen, durch Sternhaare filzigen, kurzen, achselständigen Trauben. Kelch glockig, 2-lippig, zur Fruchtzeit deutlich größer. Oberlippe 2-teilig, Unterlippe 3-lappig, mit großem Mittellappen; Staubblätter (nur noch) 2, weit aus der Blüte ragend. Lippenblütengewächse, Lamiaceae.

Vorkommen: Garigues, Macchien, lichte Gebüsche; trockene, felsige Küstenhänge. Oft als Zier- und Gewürzpflanze kultiviert. Typisch mediterrane Art (im gesamten Mittelmeerraum von Portugal bis Kleinasien, auch am Schwarzen Meer).

Biologie: Der Rosmarin ist seit der Antike eine bedeutende Heil- und Gewürzpflanze. Die Blätter dienen als Küchengewürz. Die medizinischen Eigenschaften beruhen auf dem hohen Gehalt an ätherischem Öl, das die Durchblutung und die Gallensekretion fördert, das Nervensystem stimuliert und zur Schmerzlinderung bei Rheuma sowie für Salben und Bäder genutzt wird.

| J | F | M | A | M | J | J | A | S | O | N | D |

Echter Lavendel *Lavandula angustifolia*

1 Scheinquirle 6–10-blütig, in langen, unterbrochenen Blütenständen

2 Krone 2-lippig, 10–12 mm lang; oberer der 5 Kelchzähne mit Anhängsel

3 Blätter länglich-linealisch, am Rand mehr oder weniger umgerollt

3er-Check

Merkmale: 20–100 cm. Intensiv aromatisch duftender, reich verzweigter Halbstrauch (nur an der Basis verholzt). Blätter gegenständig, länglich-linealisch, bis 5 cm lang und bis 3 mm breit, am Rand mehr oder weniger umgerollt. Blüten in 6–10-blütigen Scheinquirlen, diese in lang gestielten, bis 10 cm langen, unterbrochenen Blütenständen. Kelch grauviolett, bis 7 mm lang, 13-nervig, 5-zähnig, oberer Zahn mit Anhängsel. Krone blauviolett, 2-lippig, 10–12 mm lang; Staubblätter 4, die beiden kürzeren ragen nicht aus der Blüte. Lippenblütengewächse, Lamiaceae.

Vorkommen: Garigues, Felsfluren; vorzugsweise auf sonnig-trockenen Hängen. Oft großflächig kultiviert. Die ursprünglich westmediterrane Art wurde als Kulturpflanze weiter verbreitet.

Biologie: Seit jeher ist der Echte oder Schmalblättrige Lavendel als Duft-, Zier- und Heilpflanze von großer Bedeutung. Das ätherische Öl der Blüten (Lavendelöl) spielt als Duftstoff in der Parfumindustrie eine herausragende Rolle. Das Spektrum der medizinischen Eigenschaften ist ebenfalls beachtlich: Förderung der Gallensekretion, krampflösend, stimulierend, wundheilend usw.. Darüber hinaus werden Lavendelblüten oft als Mittel gegen Motten verwendet.

J	F	M	A	M	J	J	A	S	O	N	D

Lavandula stoechas **Schopf-Lavendel**

1 Aromatisch riechender, dicht beblätterter Strauch

2 Blütenstand von einem Schopf violetter Hochblätter überragt

3 6–10-blütige Scheinquirle in dichter, 4-eckiger Scheinähre

3er-Check

Merkmale: 30–100 cm. Stark aromatisch riechender, buschig verzweigter und dicht beblätterter Strauch. Blätter gegenständig, auch büschelig, linealisch bis länglich-lanzettlich, bis 4 cm lang, beiderseits graufilzig, am Rand umgerollt. Blütenstand von einem Schopf violetter, länglich-eiförmiger, bis 5 cm langer Hochblätter überragt. Blüten darunter in 6–10-blütigen Scheinquirlen, eine dichte, im Querschnitt 4-eckige Scheinähre bildend. Tragblätter rhombisch-herzförmig, braunviolett, filzig. Kelch 4–6 mm lang, 13-nervig, oberer der 5 Zähne mit verkehrt-herzförmigem Anhängsel. Krone schwarzviolett, bis 8 mm lang, undeutlich 2-lippig. Lippenblütengewächse, Lamiaceae.

Vorkommen: Garigues, Macchien, lichte Kiefernwälder; auf trockenen, kalkfreien Böden. Mediterrane Art, deren Areal sich von den Kanarischen Inseln und Madeira über ganz Südeuropa bis zum östlichen Mittelmeer erstreckt, südlich gehört Nordwestafrika dazu.

Biologie: Wie alle Lavendel-Arten produziert auch der Schopf-Lavendel ein ätherisches Öl, das jedoch wirtschaftlich keine Rolle spielt. Im südwestlichen Mittelmeerraum kommt *Lavandula viridis* mit weißen Blüten und grünen Hochblättern vor.

J	F	M	A	M	J	J	A	S	O	N	D

Griechischer Salbei *Salvia fruticosa*

3er-Check

1 Aromatischer Strauch mit ange-drückt weißfilzigen Zweigen

2 Blüten zu 2–8 in Quirlen, Oberlip-pe gerade, Kelch schwach 2-lippig

3 Blätter schmal-eiförmig, oft mit 2–4 kleinen seitlichen Lappen

Merkmale: 30–150 cm. Reich verzweigter, aufrechter, aromatischer Strauch mit angedrückt weißfilzigen bis drüsig behaarten Zweigen. Blätter schmal-eiförmig, etwa 5 cm lang, oberseits runzelig-rau, unterseits weißfilzig, einfach oder basal mit 2–4 kleinen seitlichen Lappen (daher rührt die Bezeichnung Dreilappiger Salbei, Syn.: *S. triloba*). Blüten zu 2–8 in Quirlen, lila, blauviolett oder rosaweißlich. Kelch glockig, schwach 2-lippig, gezähnt, 5–8 mm lang. Krone 16–25 mm lang, Oberlippe annähernd gerade. Klausenfrucht (der 2-blättrige Fruchtknoten zerfällt während der Reifung in 4 1-samige Nüsschen). Lippenblütengewächse, Lamiaceae.

Vorkommen: Garigues, Macchien, lichte Wälder; Ölbaumkulturen; auf Kalkböden. Die Art stammt aus dem östlichen Mittelmeerraum (einschließlich Kleinasiens); inzwischen kommt sie auch häufiger in der Mitte und sogar auf der Iberischen Halbinsel vor.

Biologie: Der Griechische Salbei ist wie der ähnliche, im westlichen und zentralen Mittelmeerraum verbreitete **Echte Salbei** *(S. officinalis)* eine bedeutsame Heil- und Gewürzpflanze (ätherisches Öl mit hohem Cineol-Anteil). Letztere Art besitzt kleinere Blüten (10–14 mm lang) mit langen spitzen Kelchzähnen.

| J | F | M | A | M | J | J | A | S | O | N | D |

Salvia sclarea **Scharlach-Salbei**

3er-Check

1 Pflanze grauhaarig, oben drüsig, mit harzig-balsamartigem Duft

2 Tragblätter auffällig violett überlaufen, häutig

3 Oberlippe sichelförmig, Unterlippe 3-lappig, Mittellappen größer

Merkmale: 30–100 cm. 2-jährige, kräftige, verzweigte, locker grauhaarige, oben drüsige Pflanze mit harzig-balsamartigem Duft. Grundblätter anfangs rosettig, lang gestielt, breit ei- bis herzförmig, bis 18 cm lang und bis 12 cm breit. Stängelblätter gegenständig, unregelmäßig gezähnt, bis 12 cm lang. Tragblätter auffällig violett überlaufen, häutig, zugespitzt, deutlich länger als der etwa 1 cm lange, 2-lippige Kelch; Kelchzähne stachelig begrannt. Blüten zu 4–6 in übereinander stehenden Scheinquirlen, 2–3 cm lang, blassblau, -lila oder rosa; Oberlippe stark sichelförmig, Unterlippe 3-lappig, Mittellapen größer; Staubblätter 2. Klausenfrüchte mit 4 Nüsschen. Lippenblütengewächse, Lamiaceae.

Vorkommen: Trockene Hänge, Gebüsche, lichte Wälder; Wegränder. Das Areal erstreckt sich von Portugal und Nordwestafrika bis zur Ostküste des Mittelmeeres und zum Schwarzen Meer.

Biologie: Der Scharlach-Salbei ist auch unter dem Namen Muskateller-Salbei bekannt. Seit langer Zeit wird er einerseits als Gewürzpflanze für den Muskatellerwein, andererseits als Heilpflanze genutzt. Das ätherische Öl Sclareol dient zur Herstellung des Duftstoffes Ambroxan (Kosmetik- und Waschmittelindustrie).

| J | F | M | A | M | J | J | A | S | O | N | D |

Schopf-Salbei *Salvia viridis*

3er-Check

1 Blüten in Scheinähren; Blätter gestielt, vorn stumpf

2 An der Spitze meist ein Schopf vergrößerter violetter Hochblätter

3 Krone violett oder rosa, meist mit weißlicher Unterlippe

Merkmale: 10–50 cm. Mehrjährige, aufrechte, einfache oder wenig verzweigte, oft drüsig behaarte Pflanze. Blätter gegenständig, gestielt, länglich-eiförmig, vorn stumpf, an der Basis abgerundet bis herzförmig, behaart; Blattrand regelmäßig gekerbt. Blüten in 4–8-blütigen Scheinquirlen, diese in relativ dichter, endständiger Scheinähre; Blütenstiele kurz, seitlich zusammengedrückt. An der Spitze der Scheinähre meist ein Schopf vergrößerter violetter (auch grüner, rosafarbener oder weißer) Hochblätter. Kelch 2-lippig, behaart, 7–10 mm lang. Blütenkrone violett oder rosa, 14–18 mm lang, meist mit weißlicher Unterlippe; Staubblätter 2. Lippenblütengewächse, Lamiaceae.

Vorkommen: Garigues, trockene Hänge; Brachflächen. Im gesamten Mittelmeerraum bis Kleinasien und zum Schwarzen Meer.

Biologie: Die Gattung *Salvia* gehört zu den artenreichsten Gattungen der Lippenblütengewächse mit Verbreitungs- und Entfaltungsschwerpunkt in den südosteuropäisch-asiatischen Steppen- und Wüstengebieten. Der Mittelmeerraum wird demzufolge im Hinblick auf die Gattung *Salvia* florengeographisch von den östlich angrenzenden Bereichen her beeinflusst.

J	F	M	A	M	J	J	A	S	O	N	D

Salvia verbenaca **Eisenkraut-Salbei**

1 Trübgrüne, oben drüsig behaarte Pflanze mit runzeligen Blättern

2 Scheinquirle 4–10-blütig; Krone hellblau bis violett, 2-lippig

3 Grundblätter lang gestielt, gelappt bis fiederteilig

3er-Check

Merkmale: 10–30 (80) cm. Mehrjährige, krautige, trübgrüne, oben drüsig behaarte, wenig verzweigte Pflanze. Grundständige Rosettenblätter lang gestielt, länglich bis eiförmig, gelappt bis fiederteilig, bis 10 cm lang, mit runzeliger Blattspreite. Stängelblätter gegenständig, sitzend oder extrem kurz gestielt, kleiner. Blüten in 4–10-blütigen Scheinquirlen in ährenartigem, auch verzweigtem, endständigem Blütenstand. Tragblätter grün, eiförmig; Kelch glockig, mit deutlicher Nervatur, 2-lippig, rau-weißhaarig bis drüsig, zur Fruchtzeit vergrößert. Krone hellblau bis violett, selten rosa, deutlich 2-lippig, 6–15 mm lang; Kronröhre vom Kelch umschlossen; Oberlippe schwach gebogen, Unterlippe 3-lappig, mit herabgeschlagenem Mittellappen; Staubblätter 2. Klausenfrüchte (Nüsschen) behaart. Lippenblütengewächse, Lamiaceae.

Vorkommen: Brachflächen, Wegränder, Kulturland; Trockenrasen, Weiden; auch trockene Ruderalstandorte. Im gesamten Mittelmeerraum von der Iberischen Halbinsel bis zum Vorderen Orient sowie in Westeuropa, auf den Kanaren und Madeira verbreitet; weit verschleppt.

Biologie: Vgl. vorherige Arten.

J	F	M	A	M	J	J	A	S	O	N	D

Ästige Sommerwurz *Orobanche ramosa*

3er-Check

1 Verzweigter, drüsenhaariger Vollparasit mit 2-lippigen Blüten

2 Unterlippe mit 3 gleichen, bewimperten Lappen

3 Schuppenblätter wechselständig, oval-lanzettlich, spitz

Merkmale: 10–30 cm. Meist verzweigter, drüsenhaariger Vollparasit. Stängel an der Basis verdickt. Blätter schuppenartig, wechselständig, eiförmig bis lanzettlich, spitz, knapp 1 cm lang. Blüten in verlängerten, traubigen Blütenständen mit je 1 eiförmigen, spitzen Tragblatt und 2 dem Kelch anliegenden linealischen bis lanzettlichen Vorblättern. Kelch 6–8 mm lang; Kelchzähne 3-eckig, zugespitzt, kürzer als die Kelchröhre. Krone 10–22 mm lang, deutlich 2-lippig, blauviolett, selten weiß, drüsig behaart; Oberlippe in der Regel 2-lappig, Unterlippe mit 3 gleichen, bewimperten Lappen; Staubblätter 4, 3–6 mm oberhalb der Kronröhrenbasis inserierend. Vielsamige Kapselfrucht. Sommerwurzgewächse, Orobanchaceae.

Vorkommen: Kulturland und Brachflächen; Garigues. Das Areal der mediterranen Art umfasst den Mittelmeerraum und erstreckt sich im Westen bis zu den Kanarischen Inseln, im Osten über Südwestasien bis Indien, im Norden teilweise bis Mitteleuropa.

Biologie: Der Vollparasit schmarotzt sowohl auf Kulturpflanzen, z. B. Tabak, Tomate, Mais oder Hanf, aber auch auf zahlreichen Wildpflanzen, oft Schmetterlingsblütengewächsen.

J	F	M	A	M	J	J	A	S	O	N	D

Gynandiris sisyrinchium **Mittags-Schwertlilie**

1 Zierliche, irisähnliche Pflanze; Blätter 1–2, schlaff, rinnig

2 Blüten zu 1–6 in den Achseln je eines Hochblattes

3 Außenabschnitte mit weißem, in der Mitte gelbem Fleck

3er-Check

Merkmale: 5–40 cm. Zierliche, kahle, mehrjährige Pflanze mit bis 3 cm großer, dicht-faserig umhüllter, tief sitzender, unterirdischer Sprossknolle. Blätter grundständig, 1–2, schlaff, rinnig, bis 50 cm lang und bis 7 mm breit; mit langer Blattscheide. Blüten zu 1–6 in der Achsel je eines trockenhäutigen, braunen Hochblattes, hellblau bis violett, mit kurzer Kronröhre. Außenabschnitte der Blütenhülle zurückgeschlagen, mit weißem, in der Mitte gelbem Fleck, 2–3,5 cm lang; Staubblätter und Griffeläste (tief 2-spaltig) zu einer Säule verklebt. Kapselfrucht etwa 2 cm lang. Schwertliliengewächse, Iridaceae.

Vorkommen: Garigues, Grasfluren, Felsheiden Macchien; vorzugsweise in Küstennähe. Das Areal erstreckt sich von der Iberischen Halbinsel bis in den Vorderen Orient und von Marokko bis Ägypten; Südfrankreich und Dalmatien gehören nicht zum Verbreitungsgebiet.

Biologie: Der deutsche Artname weist darauf hin, dass sich die Blüten erst mittags öffnen. Bereits am selben Abend ist die Blütezeit einer Einzelblüte vorüber.

J	F	M	A	M	J	J	A	S	O	N	D

Violetter Dingel *Limodorum abortivum*

3er-Check

1 Blüten hellviolett, dunkler geadert, äußere Hüllblätter abstehend

2 Lippe ungeteilt, am Rand nach oben gebogen; Sporn schlank

3 Stängel und Schuppenblätter violett gefärbt

Merkmale: 25–80 cm. Mehrjährige, nahezu chlorophyllfreie Pflanze mit kurzem Rhizom (Erdspross) und fleischigen Wurzeln. Stängel beim Austreiben spargelähnlich, ausschließlich mit scheidigen Schuppenblättern, wie diese schmutzigviolett bis stahlblau gefärbt. Blüten zu 4–25, hellviolett, dunkler geadert, 15–25 mm lang, sich weit öffnend, in lockerem Blütenstand. Äußere Hüllblätter eiförmig bis lanzettlich, aufrecht abstehend; seitliche innere schmaler und kürzer. Lippe ungeteilt, am Rand nach oben gebogen, wellig-gekerbt; Sporn schlank, abwärts gerichtet, 15–25 mm lang. Knabenkrautgewächse, Orchidaceae.

Vorkommen: Sowohl sommer- als auch immergrüne lichte Wälder und Gebüsche; auch in Magerrasen; Kalkböden werden bevorzugt. Submediterrane Art (gesamter Mittelmeerraum; nördliche Arealgrenze in Mitteleuropa, östliche im Iran).

Biologie: Die Dingelorchis gehört zu den heterotrophen Pflanzenarten, die fast kein Chlorophyll mehr ausbilden und daher bei ihrem Stoffwechsel fast vollständig auf andere Organismen, hier Mykorrhizapilze, angewiesen sind. Die Orchidee parasitiert also quasi auf dem Pilz.

J	F	M	A	M	J	J	A	S	O	N	D

Ophrys ciliata
Syn.: *O. speculum*
Spiegel-Ragwurz

1 Äußere Blütenhüllblätter grün, meist mit 2 braunvioletten Streifen, das obere nach vorn gebogen

2 Lippe mit 3 Lappen, zentral leuchtend blaues Mal; Rand dicht braun behaart

2er-Check

Merkmale: 5–25 cm. Kahle Pflanze mit 2 kugelförmigen, unterirdischen Knollen. Grundständige Rosettenblätter 4–5, lanzettlich, blaugrün. Blüten zu 2–8 in lockerem Blütenstand. Äußere Blütenhüllblätter grün, meist mit 2 braunvioletten Streifen, das obere nach vorn gebogen, 7–10 mm lang; seitliche innere Hüllblätter 4–6 mm lang, braunrot, behaart. Lippe 12–16 mm lang, aus 3 Lappen bestehend, mittlerer rundlich, wenig gewölbt, im Zentrum mit leuchtend blauem Mal (gelb bis orange umrandet); Rand dicht abstehend braun behaart. Knabenkrautgewächse, Orchidaceae.

Vorkommen: Garigues, Brachflächen, lichte (Kiefern-)Wälder; Magerrasen, auch auf ehemaligen Kulturflächen. Fast im gesamten Mittelmeerraum verbreitet, im zentralen Bereich jedoch nicht durchgängig, im Osten noch seltener.

Biologie: Die Spiegel-Ragwurz nutzt das Phänomen der Sexualtäuschung. Die Blüten produzieren den Sexuallockstoffen weiblicher Hautflügler ähnliche Duftstoffe und locken damit die Männchen dieser Arten an, die von Farbe, Form und Behaarung der Blüten so getäuscht werden, dass sie bei Kopulationsversuchen auf den vermeintlichen Weibchen die Pollenpakete (Pollinien) übertragen.

J	F	M	A	M	J	J	A	S	O	N	D

Geflügelter Strandflieder *Limonium sinuatum*

1 Rosettenblätter fiederschnittig, jederseits 4–7 rundliche Lappen

2 Kelch violett, mit gefälteltem Saum; Kronblätter gelblichweiß

3 Stängel mit 4 gewellten Flügelleisten und blattartigen Anhängseln

3er-Check

Merkmale: 15–40 cm. Mehrjährige Pflanze mit aufrechten bis aufsteigenden, rauhaarigen Stängeln; diese besitzen 4 bis 3 mm breite, gewellte Flügelleisten, die an den Knoten in je 3 blattartige, lanzettliche Anhängsel auslaufen. Grundständige Rosettenblätter buchtig-fiederschnittig, 3–15 cm lang, jederseits mit 4–7 rundlichen, abstehend-rauhaarigen Lappen. Blütenstand doldentraubig; Äste mit 3 sich nach oben verbreiternden Flügelleisten. Blüten in 2–3-blütigen Ährchen. Kelch violett, trichterförmig, 10–14 mm lang, mit gefälteltem Saum; Krone trichterförmig, gelblichweiß. Nussfrucht, im Kelch eingeschlossen. Bleiwurzgewächse, Plumbaginaceae.

Vorkommen: Sandstrände und Felsküsten, auch salzhaltige Standorte im Binnenland. Das Areal der ursprünglich westmediterran-saharischen Art erstreckt sich von den Kanarischen Inseln (hier wohl nur verwildert) und Madeira im Westen über den gesamten Mittelmeerraum.

Biologie: Die Blütenstände dieser oft auch als Zierpflanze kultivierten Art werden häufig für Trockensträuße verwendet.

J	F	M	A	M	J	J	A	S	O	N	D

Globularia alypum **Strauchige Kugelblume**

1 Strauch immergrün, bis oben dicht beblättert; Zweige rotbraun

2 Blütenköpfe bis 15 mm; Krone blau, 2-lippig; Unterlippe verlängert

3 Blätter ledrig, spatelig-elliptisch, zugespitzt, kahl

3er-Check

Merkmale: 20-100 cm. Reich verzweigter, immergrüner, bis oben dicht beblätterter, kahler Strauch mit rotbraun berindeten Zweigen. Blätter wechselständig, spatelig-elliptisch, zugespitzt (manchmal 3-spitzig), kahl, ledrig, bis 3 cm lang. Blüten in kurz gestielten, bis 15 mm breiten Köpfen in den oberen Blattachseln. Hüllblätter dachziegelig, breit-eiförmig, bewimpert. Kelch 5-zähnig, lang bewimpert. Krone blau, 2-lippig; Unterlippe verlängert, 3-zipfelig, Oberlippe kurz, 2-zähnig; Staubblätter 4, weit aus der Blüte ragend. Nussfrüchte, vom Kelch eingeschlossen. Kugelblumengewächse, Globulariaceae.

Vorkommen: Garigues, Felsfluren, lichte Wälder und Gebüsche; Straßenränder. Das Verbreitungsgebiet erstreckt sich von der Iberischen Halbinsel bis Kleinasien und von Marokko bis Lybien.

Biologie: Die Kugelblumengewächse (Globulariaceae) gehören wie beispielsweise die Gattungen Zistrose (*Cistus*), Rosmarin (*Rosmarinus*) und Lavendel (*Lavandula*) zu den Leitformen der makaronesisch-mediterranen Florenregion (Makaronesien umfasst die Azoren, Madeira, die Kanaren und Kapverden sowie einen schmalen, küstennahen Streifen Nordwestafrikas.)

| J | F | M | A | M | J | J | A | S | O | N | D |

Wilde Artischocke *Cynara cardunculus*

1 Kräftige Pflanze mit spinnwebig-wollig behaartem Stängel

2 Köpfe sehr groß, nur Röhrenblüten; Hüllblätter mit langem Dorn

3 Blätter 1–2fach fiederschnittig, mit langen, gelben Dornen

3er-Check

Merkmale: 20–150 cm. 2- bis mehrjährige, kräftige Pflanze; im ersten Jahr nur mit einer Blattrosette, im zweiten mit aufrechtem, spinnwebig-wollig behaartem Stängel. Grundblätter sehr groß, gestielt, obere meist sitzend. Blätter 1–2fach fiederschnittig, an der Basis eines jeden Abschnitts bis 3 cm lange, büschelig angeordnete Blattdornen; Blattspreite oberseits grün, unterseits meist weißfilzig und drüsig. Blütenköpfe 4–6 cm breit, endständig, mit kugeliger Hülle. Hüllblätter breit-eiförmig, sitzend, mit aufrechtem bis abstehendem, langem Dorn. Ausschließlich lila oder violette, selten weiße, 5-zipfelige Röhrenblüten. Achänen(früchte) nicht geflügelt. Korbblütengewächse, Asteraceae.

Vorkommen: Wegränder, Weideplätze, Brachflächen; meist auf nährstoffreichen Böden. Mediterrane Art, die ursprünglich wohl nur im westlichen Mittelmeerraum heimisch war, deren Areal inzwischen aber von den Kanaren (Unterart) und Madeira über ganz Südeuropa nach Osten bis Griechenland und Zypern reicht.

Biologie: Die Ausbreitung der auch Kardonie genannten Art ist darauf zurückzuführen, dass sie mit großer Wahrscheinlichkeit die Wildform der Kultur-Artischocke ist.

J	F	M	A	M	J	J	A	S	O	N	D

Cynomorium coccineum **Malteserschwamm**

3er-Check

1 Braunroter, pilzähnlicher Parasit, nur zur Blüte mit fleischigem Trieb

2 Blütenstand keulig-kolbenförmig mit 3-eckigen Schuppenblättern

3 Männliche, weibliche als auch 2-geschlechtige Blüten

Merkmale: 10–30 cm. Mehrjährige, braunrote, chlorophyllfreie, eher an einen Pilz erinnernde Pflanze mit einfachem, fleischig verdicktem Trieb (der nur zur Blütezeit erscheint) und unterirdischem, verzweigtem Rhizom. Im unteren Abschnitt des Sprosses 3-eckig-lanzettliche Schuppenblätter. Blütenstand keulig-kolbenförmig, bis 20 cm lang, 3–8 cm dick; Blüten zahlreich in kompakten Teilblütenständen in den Achseln 3-eckiger schuppiger Tragblätter; sowohl männliche und weibliche als auch 2-geschlechtige Blüten vorhanden. Männliche Blüten mit nur 1 Staubblatt. Malteserschwammgewächse, Cynomoriaceae.

Vorkommen: Sandküsten, Salzsümpfe. Südmediterrane Art, deren Areal sich vom Süden der Iberischen Halbinsel über Süditalien und entlang der nordafrikanischen Küste bis Südwestasien erstreckt; von den Kanarischen Inseln gehört nur Lanzarote dazu.

Biologie: Der Malteserschwamm ist ein Vollparasit, der auf den Wurzeln zahlreicher halophiler (Salz ertragender) Pflanzenarten wie beispielsweise des Salzkrautes *(Salsola)* oder der Tamarisken *(Tamarix)* schmarotzt. Der deutsche Name geht auf die Kreuzritter zurück, die die Blütenkolben als blutstillendes Mittel nutzten.

| J | F | M | A | M | J | J | A | S | O | N | D |

Geschwänzte Brennnessel

Urtica membranacea
Syn.: *U. dubia*

1 Pflanze mit Brennhaaren

2 Blüten in langen, 1-geschlechtigen, ährenartigen Blütenständen

3 Breit-eiförmige, basal schwach herz-
förmige Blätter, am Rand gesägt

3er-Check

Merkmale: 15–80 cm. 1-jährige, 1-häusige, aufrechte Pflanze mit Brennhaaren. Blätter gegenständig, breit-eiförmig, am Grund schwach herzförmig, grob gesägt, lang gestielt, mit 2 kleinen Nebenblättern pro Knoten. Blüten in 1-geschlechtigen, ährenartigen, blattachselständigen Blütenständen. Obere männlich, aufrecht bis abstehend, länger als der Blattstiel, nur auf der Oberseite der etwas aufgeblasenen Achse stehend; Kronblätter 4, grünlich, bewimpert; Staubblätter 4. Untere Blütenstände weiblich, kürzer als der Blattstiel; mit 4 Kronblättern (2 größeren und 2 kleineren) und Fruchtknoten. 1-samige Nussfrüchte. Brennnesselgewächse, Urticaceae.

Vorkommen: Nährstoff-, vor allem stickstoffreiche, etwas feuchtere Ruderalstandorte, meist in Siedlungsnähe; Auwälder, feuchte Mauern. Das Areal der mediterranen Brennnessel-Art umfasst die Kanaren, Azoren und Madeira sowie den gesamten Mittelmeerraum bis Südwestasien.

Biologie: Wie bei unseren heimischen Brennnessel-Arten enthalten die Brennhaarzellen Acetylcholin, Histamin und Serotonin, die die auffälligen Hautreizungen bewirken.

J	F	M	A	M	J	J	A	S	O	N	D

Urtica pilulifera **Pillen-Brennnessel**

1. Pflanze mit Brennhaaren

2. Blüten 1-geschlechtig; weibliche in gestielten kugeligen Köpfen

3. Blätter zugespitzt-eiförmig, Rand tief eingeschnitten-gesägt

3er-Check

Merkmale: 30–100 cm. 1- oder 2-jährige, 1-häusige Pflanze mit Brennhaaren. Blätter gegenständig, zugespitzt-eiförmig, etwas länger als der Blattstiel, eingeschnitten-gesägt, mit 4 Nebenblättern pro Knoten. Blütenstände 1-geschlechtig, jedoch männliche und weibliche in jedem (der oberen) Knoten. Männliche Blüten in verzweigten Rispen, Kronblätter 4, grünlich, bewimpert. Weibliche Blüten in gestielten, etwas mehr als erbsengroßen, kugeligen Köpfchen mit 4 Kronblättern (2 größere und 2 kleinere) und Fruchtknoten. 1-samige Nussfrüchte. Brennnesselgewächse, Urticaceae.

Vorkommen: Nährstoff-, vor allem stickstoffreiche, etwas feuchtere Ruderalstandorte; Wegränder. Das Areal erstreckt sich von der Iberischen Halbinsel über den gesamten Mittelmeerraum bis Asien; in Mitteleuropa tritt die Art selten eingeschleppt auf.

Biologie: Innerhalb der Gattung Brennnessel *(Urtica)* wird der Pollen durch einen bemerkenswerten »Explosionsmechanismus« freigesetzt: Die Staubblätter der 1-geschlechtigen Blüten sind im Knospenzustand einwärts gekrümmt und auf diese Weise gespannt. Beim durch Wärme induzierten Aufblühen schnellen sie elastisch zurück und schleudern den pulverförmigen Pollen aus.

J	F	M	A	M	J	J	A	S	O	N	D

Hängendes Nabelkraut *Umbilicus rupestris*

1 Pflanze sukkulent; Spross über die Hälfte mit hängenden Blüten

2 Krone grünlichweiß oder rosa; Kronzipfel 3-eckig-eiförmig, spitz

3 Blätter schildförmig, gekerbt; Stielansatz nabelartig vertieft

3er-Check

Merkmale: 10–50 cm. Mehrjährige, kahle, sukkulente Pflanze. Grundblätter schildförmig, fleischig, lang gestielt, Stiel an der nabelartig vertieften Blattmitte entspringend; Blattrand wellig gekerbt. Stängelblätter wechselständig, nierenförmig, nach oben hin kleiner werdend und sitzend, oberste verschmälert bis linealisch. Blüten gestielt, im Regelfall hängend, in lang gestreckter, endständiger Traube, die länger als die Hälfte des Sprosses ist. Kelchblätter 5, unscheinbar; Krone grünlichweiß oder rosa; Kronblätter zu einer Röhre verwachsen, bis 10 mm lang; Kronzipfel 3-eckig-eiförmig, stachelspitzig; Staubblätter 10. Kleine Balgfrüchte. Dickblattgewächse, Crassulaceae.

Vorkommen: Schattige Felsspalten und Mauerritzen. Im gesamten Mittelmeerraum östlich bis Kleinasien und in Westeuropa nördlich bis Schottland verbreitet (mediterran-atlantische Art).

Biologie: Nah verwandt ist das **Waagerechte Nabelkraut** (*Umbilicus horizontalis*), bei dem nur der kleinere Teil des Sprosses Blüten trägt. Diese sind fast ungestielt, kleiner und stehen waagrecht ab.

J	F	M	A	M	J	J	A	S	O	N	D

Ricinus communis **Rizinus**

1 Pflanze rötlich; Blätter gestielt, tief handförmig gelappt

2 Weibliche Blüten mit roten Narben; männliche: verzweigte Staubblätter

3 Kapselfrüchte kugelig, meist stachelig, mit marmorierten Samen

3er-Check

Merkmale: 0,5–4 m. 1-jährige, krautige bis strauchige, kahle, meist rötlich überlaufene, raschwüchsige Pflanze. Blätter wechselständig, lang gestielt, tief handförmig gelappt, mit 5–9 Abschnitten, bis 30 cm im Durchmesser. Blüten 1-häusig-getrenntgeschlechtig, in aufrechten, blattachselständigen Rispen: untere männlich, mit verzweigten, gelben Staubblättern; obere weiblich, mit roten Narben. Kapselfrucht kugelig, meist stachelig, bis 2 cm breit, mit marmorierten Samen. Wolfsmilchgewächse, Euphorbiaceae.

Vorkommen: Weg- und Straßenränder; Schuttplätze, Brachflächen. Die Art stammt aus dem tropischen Afrika, wird jedoch als Nutz- und Zierpflanze in vielen (sub-)tropischen Regionen kultiviert und ist im gesamten Mittelmeerraum eingebürgert.

Biologie: Die äußerst giftigen Samen (wenige Samen enthalten bereits eine für den Menschen tödliche Dosis des hoch toxischen Polypeptids Ricin) werden zur Rizinusöl-Gewinnung genutzt. Dieses ist einerseits als Schmiermittel technisch von großer Bedeutung, andererseits wird es – kalt gepresst und nach Hitzedenaturierung des Ricins – medizinisch verwendet beispielsweise als Abführmittel sowie in der Kosmetikindustrie.

J	F	M	A	M	J	J	A	S	O	N	D

Palisaden–Wolfsmilch *Euphorbia characias*

1 Pflanze mit unverzweigten, oben dicht beblätterten Stängeln

2 Großer Blütenstand mit 40–60 Strahlen

3 Nektardrüsen 4, nierenförmig, kurzhörnig, rotbraun

3er-Check

Merkmale: 30–100 cm. Mehrjährige, nur an der Basis verholzte, sonst krautige, meist behaarte, weißen Milchsaft führende Pflanze. Stängel kräftig, aufrecht, unverzweigt, oben dicht beblättert. Blätter linealisch-lanzettlich, ganzrandig, bis 13 cm lang und bis 1 cm breit. Großer Blütenstand mit 10–20-strahliger Enddolde und bis 40 blattachselständigen Strahlen. Hochblätter rundlich bis 3-eckig, zu einer becherförmigen, gelblichgrünen Scheinblüte verwachsen. Nektardrüsen 4, nierenförmig, rotbraun, kurzhörnig. Fruchtkapseln 3-fächerig, behaart. Wolfsmilchgewächse, Euphorbiaceae.

Vorkommen: Macchien, lichte Wälder, Garigues; Brach- und Weideflächen, auch Ruderalstandorte. Das Verbreitungsgebiet der ssp. *characias* erstreckt sich von Portugal über Italien bis Kreta; die ssp. *wulfenii* (Nektardrüsen gelblich, langhörnig) kommt von Südfrankreich bis Kleinasien vor.

Biologie: Die Wolfsmilch-Arten besitzen sehr einfache Einzelblüten, die zu Scheinblüten, »Cyathien« vereinigt sind. Jedes Cyathium besteht aus einer lang gestielten weiblichen Gipfelblüte (meist ohne Blütenhülle), die von 5 Gruppen männlicher Blüten umgeben ist, von denen jede nur noch aus 1 Staubblatt besteht.

J	F	M	A	M	J	J	A	S	O	N	D

Euphorbia dendroides **Baumartige Wolfsmilch**

3er-Check

1 Reich verzweigter, halbkugeliger, Milchsaft führender Strauch

2 Blütenstand doldig, 5–8-strahlig; Hüllblätter breit, gelb

3 Nektardrüsen 4, gelappt, rundlich, gelblich bis rötlich

Merkmale: 0,5–2 (3) m. Reich verzweigter, halbkugeliger Strauch oder kleiner Baum mit am Grund bis zu 15 cm dickem Stamm und regelmäßigen, gabeligen Verzweigungen. Die Pflanze führt weißen Milchsaft. Blätter länglich-lanzettlich bis schmal-elliptisch, an den Zweigenden büschelig, stumpf mit aufgesetzter Sitze, bis 65 mm lang; mit Beginn der sommerlichen Trockenperiode verfärben sich die Blätter und fallen ab. Blütenstand doldig, 5–8-strahlig; Hüllblätter breit, gelb; Scheinblüten gelblichgrün, becherförmig. Fruchtknoten der weiblichen Blüte mit 3 gabeligen Narben. Nektardrüsen rundlich, unregelmäßig gelappt, gelblich bis rötlich. Fruchtkapsel kahl, 3-kantig. Wolfsmilchgewächse, Euphorbiaceae.

Vorkommen: Felshänge in Küstennähe; vorzugsweise auf Kalkgestein. Fast im gesamten Mittelmeerraum verbreitet.

Biologie: Bei den Wolfsmilchgewächsen zeigt sich in Eurasien eindrucksvoll der Wandel der Lebensformen bei Durchquerung der Florenregionen von Nord nach Süd: Während in der gemäßigten Zone ausschließlich krautige Vertreter vorkommen, nimmt die Anzahl der holzigen, strauchförmigen Arten in der mediterranen Florenregion und in Makaronesien deutlich zu.

| J | F | M | A | M | J | J | A | S | O | N | D |

Mastixstrauch *Pistacia lentiscus*

1 Immergrüner Strauch mit paarig gefiederten Blättern

2 Blüten in kurzen, dichten Ständen; männliche: 5 rote Staubblätter

3 Steinfrüchte 4 mm groß, erst rot, dann schwarz

3er-Check

Merkmale: 1–3 (6) m. Immergrüner, reich verzweigter, 2-häusiger Strauch, manchmal auch kleiner Baum. Typischer Vertreter der mediterranen Hartlaubflora. Blätter wechselständig, paarig gefiedert, mit breit geflügelter Blattspindel, lederartig, oberseits glänzend; Fiederblätter 8–12, elliptisch-lanzettlich, stumpf mit aufgesetzter Spitze, bis 5 cm lang, 5–15 mm breit. Blüten in kurzen, dichten, blattachselständigen Blütenständen; weibliche Blüten gelbgrün, mit 3–4-zipfeligem, behaartem Kelch und 3-narbigem Griffel; männliche mit 5-zipfeligem Kelch und 5 roten Staubblättern. Steinfrüchte etwa 4 mm groß, erst rot, dann schwarz. Sumachgewächse, Anacardiaceae.

Vorkommen: Macchien, Garigues, Gebüsche, Wälder. Die Art stellt keine besonderen Ansprüche an das Substrat. Typisch mediterrane Art mit Areal von den Kanarischen Inseln im Westen über den gesamten Mittelmeerraum bis zum Vorderen Orient.

Biologie: Aus der Baumform (insbesondere auf der Insel Chios) gewinnt man nach gezielter Verletzung der Rinde das Mastixharz, das als Klebemittel (z. B. für Wundverbände), für Spezialkitte und Firnisse verwendet wird. Im Orient wird das Harz oft gekaut.

J	F	M	A	M	J	J	A	S	O	N	D

Pistacia terebinthus **Terpentin-Pistazie**

3er-Check

1 Sommergrüner Strauch mit unpaarig gefiederten Blättern

2 Blüten in langen, lockeren Rispen, bräunlich

3 Steinfrüchte 5–7 mm groß, erst rötlich, später bräunlich

Merkmale: 2–5 m. Sommergrüner, 2-häusiger, aromatisch riechender Strauch oder kleiner Baum. Blätter wechselständig, unpaarig gefiedert, mit ungeflügelter Blattspindel und kahlem Stiel; Fiederblätter 3–9, eiförmig-elliptisch, mit aufgesetzter kleiner Spitze, bis 5 cm lang, ganzrandig, glänzend grün. Blüten bräunlich, in langen, lockeren Rispen am Ende der vorjährigen Triebe; weibliche bis 20 cm lang und bis 15 cm breit, männliche nur bis etwa 10 cm lang. Steinfrüchte 5–7 mm groß, erst rötlich, später bräunlich. Sumachgewächse, Anacardiaceae.

Vorkommen: Macchien, lichte Wälder; vorzugsweise auf trockenen, steinigen Kalkböden. Bis in die montane Stufe anzutreffen. Das Verbreitungsgebiet der ebenfalls typisch mediterranen Art umfasst den gesamten Mittelmeerraum von der Iberischen Halbinsel bis Kleinasien und entlang der nordafrikanischen Küste.

Biologie: Die essbaren Früchte schmecken säuerlich, ihre Samen weisen eine hohen Ölgehalt auf. Aus ihnen gewinnt man das Terebinthenöl, das zum Einreiben und Inhalieren Verwendung findet. Die viel Harz führende Rinde wird zur Terpentinerzeugung genutzt.

J	F	M	A	M	J	J	A	S	O	N	D

Feld–Mannstreu *Eryngium campestre*

1 Weißlich- bis bläulichgrüne, dornig-gezähnte, distelartige Pflanze

2 Blüten grünlichweiß, in 10–15 mm großen Köpfen; 5–7 Hüllblätter

3 Grundblätter doppelt fiederspaltig, dornig gezähnt

3er-Check

Merkmale: 15–60 cm. Mehrjährige, weißlich- bis bläulichgrüne, distelartige Pflanze. Grundblätter lang gestielt, breit-eiförmig bis 3-eckig, doppelt fiederspaltig, mit breiten, dornig gezähnten Abschnitten; Stängelblätter weniger zerteilt, mit dornig gezähnten Öhrchen stängelumfassend. Blüten grünlichweiß, in 10–15 mm großen, kugeligen Köpfchen, die von 5–7 schmal-lanzettlichen, abspreizenden, bis 5 cm langen Hüllblättern umgeben sind. Blüten in den Achseln stechender Tragblätter. Doldenblütengewächse, Apiaceae.

Vorkommen: Trocken-steinige Gras- und Felsfluren; Wegränder. Submediterran-pontische Art, die im gesamten Mittelmeerraum, nördlich bis Mitteleuropa (in Deutschland z.B. im Rhein-, Main- und Elbetal), östlich bis Kleinasien verbreitet ist.

Biologie: Die Pflanze wird vom Weidevieh gemieden und kann so ausgedehnte Bestände aufbauen. Der steif-kugelige Sprossaufbau der Pflanze ermöglicht eine besondere Art der Fruchtverbreitung: Oft löst sich das gesamte oberirdische Sprosssystem von der Basis ab, wird mit Hilfe des Windes als »Steppenroller« fortbewegt und verstreut dabei allmählich die Früchte.

J	F	M	A	M	J	J	A	S	O	N	D

Tamus communis **Schmerwurz**

1 Krautige Liane; Blätter lang gestielt, meist herz-eiförmig

2 Männliche Blüten gelbbrün, glockenförmig, in lockeren Ständen

3 Beeren zinnoberrot, 10–12 mm groß

3er-Check

Merkmale: Bis 4 m lang. Mehrjährige, 2-häusige, krautige Liane mit bis 20 cm großer, unterirdischer Knolle und kahlen, linkswindenden Stängeln. Blätter wechselständig, lang gestielt, herz-eiförmig oder 3-lappig-spießförmig, dunkelgrün, glänzend; bis 20 cm lang und bis 16 cm breit; Blattnerven bogig verlaufend und verzweigt. Blattgrund verdickt, mit 2 kleinen Nebenblättern. Männliche Blütenstände bis 16 cm lang gestreckt, locker, reichblütig; Blüten 6-zählig, gelbgrün, glockenförmig, mit 6 Staubblättern. Weibliche Blütenstände armblütig; Blüten krugförmig. Beerenfrucht zinnoberrot, 10–12 mm groß. Schmerwurzgewächse, Dioscoreaceae.

Vorkommen: Wälder, Gebüsche, Hecken, Mauern. (Sub-)Mediterran-atlantische Art, die von der Iberischen Insel und Westeuropa bis zum östlichen Mittelmeer und zum zum Schwarzen Meer sowie gebietsweise in Nordafrika vorkommt. In klimatisch günstigen Gebieten erreicht die nördliche Arealgrenze auch Mitteleuropa.

Biologie: Die Pflanze ist stark giftig; dies gilt insbesondere für Beeren und Knolle; letztere enthält stark hautreizende Substanzen. Die Netznervatur der Blätter stellt eine Ausnahme innerhalb der Einkeimblättrigen Pflanzen dar.

J	F	M	A	M	J	J	A	S	O	N	D

Italienischer Aronstab *Arum italicum*

2 **1**

3

3er-Check

1 Grundblätter lang gestielt, pfeil- oder spießförmig

2 Hochblatt gelbgrün, mehr als 2-mal so lang wie der gelbe Kolben

3 Fruchtstand mit roten Beerenfrüchten

Merkmale: 20–70 cm. Mehrjährige, kahle Pflanze mit unterirdischer Knolle. Blätter im Spätherbst erscheinend, grundständig, bis 40 cm lang gestielt; Blattspreite pfeil- oder spießförmig, bis 35 cm lang. Hochblatt (Spatha) blass grünlichgelb, 15–40 cm lang, mehr als doppelt so lang wie der gelbe, kaum herausragende Kolben. Im Kolben befinden sich die männlichen Blüten über den weiblichen, zwischen beiden und über den männlichen treten unfruchtbare Blüten auf. Beeren rot. Aronstabgewächse, Araceae.

Vorkommen: Gebüsche, Hecken, Waldränder; auch Ölbaumkulturen. Westmediterran-atlantische Art (Kanaren, Azoren, Madeira, Teile Westeuropas, westlicher, zentraler und nordöstlicher Mittelmeerraum sowie Nordwestafrika; östlich bis zum Kaukasus).

Biologie: Die Blütenstände sind sehr effektive Gleitfallen: Durch verstärkte Atmung erwärmt sich der Kolben; dies fördert die Ausbreitung der aasartigen Geruchsstoffe, durch die die bestäubenden Fliegen oder Käfer angelockt werden. Diese gleiten auf den mit Öl überzogenen Innenflächen der Spatha aus und fallen in den Kessel. Nach Bestäubung der zuerst blühenden weiblichen Blüten und Pollenübernahme können sie die Gleitfalle wieder verlassen.

J	F	M	A	M	J	J	A	S	O	N	D

Arisarum vulgare **Krummstab**

1 Blätter grundständig, mit eiförmiger bis pfeilförmiger Spreite

2 Hochblatt vorn kapuzenartig; Röhre braunviolett (grün) gestreift

3 Fruchtstand mit grünen Beerenfrüchten

3er-Check

Merkmale: 10–30 cm. Mehrjährige, kahle Pflanze mit eiförmiger Knolle und blattlosem Stängel. Blätter grundständig, lang gestielt; Spreite eiförmig bis pfeilförmig, bis 15 cm lang und bis 12 cm breit. Blütenschaft etwa so lang wie die Blattstiele, oft purpurviolett gesprenkelt; Hochblatt (Spatha) bis 5 cm lang, im unteren Teil zu einer braunvioletten oder olivgrün gestreiften Röhre verwachsen, oben offen und helm- bis kapuzenförmig nach vorn gekrümmt und den ebenfalls gekrümmten und aus der Spatha herausragenden Kolben überdeckend. Männliche Blüten über den wenigen weiblichen; sterile Blüten fehlen. Beeren grün. Aronstabgewächse, Araceae.

Vorkommen: Brachflächen, Garigues; auch auf Kulturland (z. B. Ölbaumbestände) sowie in Wäldern; schattige Standorte werden bevorzugt. Das Areal umfasst die Azoren und Madeira (auf den Kanaren findet sich eine eigene Unterart) und fast den gesamten Mittelmeerraum.

Biologie: Die Pflanze ist schwach giftig.

J	F	M	A	M	J	J	A	S	O	N	D

Gewöhnliche Schlangenwurz

Dracunculus vulgaris

3er-Check

1 Blätter tief fußförmig geteilt, mit purpurn gefleckter Scheide

2 Hochblatt 20–50 cm, mit gewelltem Rand, innen braunpurpurn

3 Beeren reif orangerot

Merkmale: Bis 1,3 m. Mehrjährige, kräftige, kahle Pflanze mit rundlicher unterirdischer Knolle. Blätter lang gestielt, tief fußförmig in 9–15 elliptische bis länglich-lanzettliche, spitze Abschnitte geteilt, basal mit purpurn gefleckter Scheide. Hochblatt (Spatha) 20–50 cm lang, oben relativ flach, mit gewelltem Rand, innen braunpurpurn, außen grünlich. Kolben etwa so lang wie die Spatha, oben dunkel purpurn, unten bleich; zwischen den männlichen und weiblichen nur wenige unfruchtbare Blüten. Beeren orangerot. Aronstabgewächse, Araceae.

Vorkommen: Gebüsche, Gariques, Brachland; Ruinen, Kulturflächen; meist auf nährstoffreichen, steinigen, etwas feuchteren Böden, auch angepflanzt und verwildert. Östliches und zentrales Mittelmeergebiet, im Westen bis Korsika, Sardinien und Sizilien; in Nordafrika fehlend. Über die Arealgrenzen hinaus gebietsweise verschleppt und eingebürgert.

Biologie: Die blühende Pflanze sondert einen intensiven Aasgeruch ab, um bestäubende Insekten in den als Gleitfalle ausgebildeten Blütenstand zu locken. Die Pflanze ist giftig und wird von Pflanzenfressern gemieden; der Selektionsvorteil ist offensichtlich.

J	F	M	A	M	J	J	A	S	O	N	D

Neotinea maculata **Keuschorchis**

3er-Check

1 Blüten nach Vanille duftend, grün-lichweiß oder schmutzig rosa

2 Äußere Hüllblätter helmartig; Lippe rötlich, 3-lappig, abwärts gerichtet

3 Blätter 3–6, blaugrün, zugespitzt, mit purpurbrauner Fleckung

Merkmale: 10–25 (40) cm. Mehrjährige, kahle Pflanze mit 2 ellipsoidförmigen Knollen. Blätter 4–6, davon 1–3 in grundständiger Rosette, obere Blätter scheidenartig den Stängel umfassend; länglich-elliptisch, zugespitzt, bis 12 cm lang, blaugrün, mit in Reihen angeordneten schwarzbraunen Flecken oder ungefleckt. Blüten in dichter, etwas einseitwendiger, bis 8 cm langer Ähre, nach Vanille duftend, grünlichweiß oder schmutzig rosa (manchmal auch gelblich). Äußere Blütenhüllblätter und seitliche innere helmartig zusammengeneigt; Lippe 3–5 mm lang, rötlich gefleckt, 3-lappig, schräg abwärts gerichtet; Sporn 1–2 mm lang, konisch. Knabenkrautgewächse, Orchidaceae.

Vorkommen: Nadelwälder; immer- und sommergrüne Laubwälder, Garigues; buschige Magerrasen. Mediterran-atlantische Art; das Areal umfasst den gesamten Mittelmeerraum, Teile Westeuropas bis Irland, Madeira und die mittleren und westlichen Kanarischen Inseln.

Biologie: Die Orchideen-Art ist auch unter dem Namen Gefleckte Waldwurz bekannt.

| J | F | M | A | M | J | J | A | S | O | N | D |

Puppenorchis *Aceras anthropophorum*

3er-Check

1 Blüten in schmal-zylindrischer Ähre; Blätter lanzettlich, ungefleckt

2 Blüten grünlichgelb, mit rotbraunen Rändern und Streifen

3 Hüllblätter helmförmig; Lippe tief 3-lappig, mit geteiltem Mittellappen

Merkmale: 10–40 cm. Mehrjährige Pflanze mit 2 eiförmigen Knollen. Blätter 4–9, untere rosettenartig, länglich-lanzettlich, bis 15 cm lang, ungefleckt; obere mit langer Blattscheide den Stängel umfassend. Blüten bis zu 60 in schmal-zylindrischer, bis 20 cm langer, meist dichter Ähre, grünlichgelb, mit rotbraunen Rändern und Streifen. Tragblätter kürzer als der Fruchtknoten. Äußere und seitliche innere Blütenhüllblätter helmförmig zusammenneigend; Lippe tief 3-lappig mit geteiltem Mittellappen (alle Fortsätze sind linealisch), bis 15 mm lang, in der Form »menschenähnlich«; Sporn fehlend. Knabenkrautgewächse, Orchidaceae.

Vorkommen: Garigues, buschige Grasfluren, Magerrasen, lichte (Nadel-)Wälder, Macchien; meist auf Kalkböden. Das Areal der submediterran-atlantischen Art umfasst Teile West- und Mitteleuropas und erstreckt sich in Südeuropa von der Iberischen Halbinsel über Südfrankreich, Italien bis Kleinasien sowie von Marokko über Tunesien, Sizilien, Kreta und Zypern bis Syrien.

Biologie: Aufgrund der besonderen Form der Lippe wird die Art auch »Männerorchis« oder »Fratzenorchis«, wegen des fehlenden Sporns auch »Ohnsporn« genannt.

J	F	M	A	M	J	J	A	S	O	N	D

Orchis coriophora **Wanzen-Knabenkraut**

3er-Check

1 Blüten braun, rötlich oder grünlich, nach Wanzen oder Vanille duftend

2 Lippe gefleckt, 3-lappig; Sporn konisch, nach unten gebogen

3 3–10 grundständige Blätter und scheidige Stängelblätter

Merkmale: 15–60 cm. Mehrjährige Pflanze. Grundblätter 3–10, linealisch bis lanzettlich, bis 15 cm lang und bis 4 cm breit. Stängelblätter scheidig ausgebildet. Blütenstand länglich, dichtblütig. Blüten braun, rötlich oder grünlich, nach Wanzen oder Vanille duftend. Die spitzen Blütenhüllblätter bilden einen geschnäbelten Helm: äußere seitliche lanzettlich-eiförmig, bis 10 mm lang, das mittlere kürzer; innere seitliche linealisch, bis 6 mm lang; Lippe gefleckt, 3-lappig, Seitenlappen kürzer als Mittellappen; Sporn konisch, 4–9 mm lang, nach unten gebogen. Knabenkrautgewächse, Orchidaceae.

Vorkommen: Magerwiesen, Garigues, Macchien, Gebüsche, lichte Wälder. Das Areal dieser submediterranen Art umfasst große Teile Mittel- und Osteuropas, Südeuropa und Nordafrika (fast den gesamten Mittelmeerraum); im Osten erstreckt es sich bis zum Kaukasus und zum Elburs im Norden Irans.

Biologie: Die Blüten werden von Zweiflüglern, vor allem Fliegen bestäubt.

| J | F | M | A | M | J | J | A | S | O | N | D |

Pflugschar-Zungenständel

Serapias vomeracea

1 Obere Laubblätter, Tragblätter und Blüten braunviolett überlaufen

2 Tragblätter viel länger als der steil aufgerichtete Helm

3 Lippe braunviolett, vorderer Teil 2–3 cm lang, bis 12 mm breit

Merkmale: 10–60 cm. Mehrjährige Pflanze mit 2 kugeligen unterirdischen Knollen. Blätter im unteren Stängelabschnitt 4–7, schmallanzettlich, bis 19 cm lang; die beiden oberen sind wie Tragblätter und Blüten braunviolett überlaufen. Blütenstand 3–10-blütig; Tragblätter viel länger als der aus 5 spitzen Blütenhüllblättern gebildete, steil aufgerichtete, außen blassviolette bis graulilafarbene Helm. Lippe braunviolett, basal mit 2 parallelen Schwielen; vorderer Teil 2–3 cm lang, bis 12 mm breit; hinterer Abschnitt breit-keilförmig, mit dunkler gefärbten, aufgerichteten Seitenlappen. Knabenkrautgewächse, Orchidaceae.

Vorkommen: Magerrasen, Garigues, Brachflächen, lichte Wälder (Kiefern, Kastanien), Ölbaumkulturen. Fast im gesamten Mittelmeergebiet von der Iberischen Halbinsel und Südfrankreich bis zur Ostägäis und Kleinasien sowie in Nordwestafrika verbreitet.

Biologie: Neben der oben beschriebenen ssp. *vomeracea* treten noch 2 weitere Unterarten auf: die ssp. *orientalis* mit breiterer Lippe und Tragblättern, die kaum länger als der Helm sind; sowie ssp. *laxiflora* mit lockerblütigem, verlängertem Blütenstand und nur bis 18 mm langem vorderen Lippenabschnitt.

J	F	M	A	M	J	J	A	S	O	N	D

Ophrys fusca **Braune Ragwurz**

1

2

1 Innere seitliche Hüllblätter grünlich-bräunlich, etwa ²/₃ so lang
wie die grünen äußeren Hüllblätter

2 Lippe basal mit Längsfurche,
dunkelbraun bis schwarzviolett,
samtig behaart; Mal graublau

2er-Check

Merkmale: 10–40 cm. Mehrjährige, kahle Pflanze mit 2 eiförmig-
rundlichen Knollen. Blätter 3–6 in grundständiger Rosette, breit-
lanzettlich. Blüten zu 2–9 in lockerem Blütenstand. Äußere Blütenhüllblätter grün, 7–14 mm lang, innere seitliche etwa ²/₃ so lang,
grünlich-bräunlich, zungenförmig. Lippe basal mit Längsfurche,
dunkelbraun bis schwarzviolett, samtig behaart, jedoch Rand kahl
(bei manchen Unterarten bzw. Varietäten heller Rand); Mal 2-lap-
pig-symmetrisch, graublau, oft verwaschen. Knabenkrautgewächse, Orchidaceae.

Vorkommen: Lichte Wälder, Gariques, Magerrasen; frühere Kulturflächen, Brachland; meist auf kalkhaltigen Substraten. Das Areal
der mediterranen Art (mit submediterraner Tendenz) erstreckt
sich von Südwestfrankreich und der Iberischen Halbinsel bis zum
östlichen Mittelmeer und Kleinasien und umfasst Teile Nordafrikas.

Biologie: Die Orchideenart ist außerordentlich vielgestaltig, vor
allem hinsichtlich Blütengröße und Lippenfärbung, und neigt wie
viele Ragwurz-Arten zur Bastardierung. Die Abgrenzung von
Arten und Unterarten gestaltet sich entsprechend schwierig.

J	F	M	A	M	J	J	A	S	O	N	D

Drohnen-Ragwurz *Ophrys bombyliflora*

2 **1**

3

1 Kleine Orchidee; 1–5-blütig; 1–2 langscheidige Stängelblätter

2 Äußere Hüllblätter hellgrün, abstehend, seitliche innere gelbgrün

3 Lippe dunkelbraun, tief 3-lappig, Seitenlappen gehöckert, behaart

3er-Check

Merkmale: 5–20 (30) cm. Kleine Orchidee mit 2–5 kugeligen Knollen, die neu gebildeten lang gestielt. Grundblätter 4–8, rosettig, eiförmig-lanzettlich, bis 10 cm lang und bis 3 cm breit; 1–2 langscheidige Stängelblätter im unteren Stängelabschnitt. Blütenstand 1–5-blütig. Äußere Blütenhüllblätter hellgrün, abstehend, mittleres kürzer und schmaler; seitliche innere gelbgrün, behaart, breitdreieckig. Lippe dunkelbraun, 8–10 mm lang, 11–13 mm breit, tief 3-lappig, Mittellappen halbkugelig, Seitenlappen am Ansatz gehöckert, behaart; Mal unscheinbar bräunlich bis blassviolett. Knabenkrautgewächse, Orchidaceae.

Vorkommen: Gariguges, Magerrasen, lichte Wälder; brach liegende Kulturflächen. Das Verbreitungsgebiet der mediterranen Art erstreckt sich von Teneriffa und Gran Canaria über Südeuropa ostwärts bis zur Ägäis und Westanatolien; die südliche Arealgrenze verläuft entlang der nordafrikanischen Küste.

Biologie: Andere Bezeichnungen sind Hummelschweber- oder Bremsen-Ragwurz. Im Vergleich zu anderen Orchideen-Arten fällt die größere Anzahl von Knollen auf. Sie dienen der vegetativen Vermehrung.

J	F	M	A	M	J	J	A	S	O	N	D

Ophrys sphegodes **Spinnen-Ragwurz**

1 Äußere Hüllblätter gelbgrün, seitliche innere gelbgrün bis braunrot

2 Lippe braun, außen behaart; Mal meist H-förmig, bläulich oder violett, mit hellem Rand

2er-Check

Merkmale: 10–50 cm. Außerordentlich variable und formenreiche Orchideen-Art. Blätter eiförmig bis lanzettlich, stumpf. Blüten zu 2–10 in lockerem Blütenstand. Äußere Blütenhüllblätter gelbgrün, mittleres geneigt oder aufgerichtet; seitliche innere gelbgrün bis braunrot. Lippe 8–16 mm lang, meist eiförmig, braun, mit meist H-förmigem, bläulichem, violettem oder graubraunem Mal mit hellem Rand, außen behaart. Knabenkrautgewächse, Orchidaceae.

Vorkommen: Die nördliche Arealgrenze verläuft von Südengland und Mitteldeutschland östlich bis zum Schwarzen Meer, die südliche von der Iberischen Halbinsel über die Balearen, Sizilien und Kreta bis Syrien; in Nordafrika fehlt die Art fast vollständig.

Biologie: Die bereits erwähnte Variabilität betrifft die Wuchshöhe, die Anzahl der Blüten, die Länge der Blütenhüllblätter sowie der Lippe und die Formenvielfalt beim Mal. Auch bei den Blüten dieser Ragwurz-Art handelt es sich um Sexual-Täuschblumen, die von Männchen bestimmter Hautflüglerarten (z. B. Sandbienen, Gattung *Andrena*) bestäubt werden (vgl. S. 205).

J	F	M	A	M	J	J	A	S	O	N	D

Ergänzende und weiterführende Bestimmungsliteratur

ATLAS FLORAE EUROPAEA: Bände 1–3. Cambridge 1987

BÄRTELS, A.: Farbatlas Mediterrane Pflanzen. Stuttgart 1997

BAYER, E., BUTTLER, K. P., FINKENZELLER, X., und GRAU, J.: Pflanzen des Mittelmeerraums. Steinbachs Naturführer. München 1987

BONAFÉ, F.: Flora de Mallorca. Palma de Mallorca 1977–1980

BUTTLER, K. P.: Orchideen. Steinbachs Naturführer. München 1986

CASTROVIEJO, S., LAINZ, M., et al.: Flora Iberica. Madrid 1986–2000

DAVIES, P., und GIBBONS, B.: Field Guide to Wild Flowers of Southern Europe. Wiltshire 1993

FOURNIER, P.: Les quatre flores de la France. Paris 1961

LIPPERT, W., und PODLECH, D.: Pflanzen der Mittelmeerküsten. München 1989

MEUSEL, H., JÄGER, E., und WEINERT, E.: Vergleichende Chorologie der zentraleuropäischen Flora. Jena 1965–1998

PIGNATTI, S.: Flora d'Italia. Bologna 1982

POLUNIN, O.: Flowers of Greece and the Balkans. Oxford 1980

POLUNIN, O., und SMYTHIES, B. E.: Flowers of South-West Europe. London 1973

RECHINGER, K. H.: Flora Aegaea. Nachdruck Wien 1973

RIKLI, M.: Das Pflanzenkleid der Mittelmeerländer. 2. Aufl. Bern 1943–1948

SCHÖNFELDER, I. und P.: Die Kosmos-Mittelmeerflora. 2. Aufl. Stuttgart 1990

SCHÖNFELDER, I. und P.: Kosmos-Atlas Mittelmeer- und Kanarenflora. Stuttgart 1994

TUTIN, T. G., HEXWOOD, V. H.: Flora Europaea. Bände 1–5. Cambridge 1964–1980 (Bd. 2: 2. Aufl. 2000)

ZOHARY, M.: Flora Palaestina. Jerusalem 1966–1986

Deutsche und wissenschaftliche Pflanzennamen

Bildnachweis

162/2, 163/2, 163/3, 164/1, 164/2,
164/3, 166/2, 167/1, 167/3, 168/1,
169/1, 170/1, 173/1, 173/2, 174/2,
177/1, 178/2, 179/1, 179/2, 180/1,
183/1, 183/2, 183/3, 184/1, 184/2,
186/2, 186/3, 187/1, 187/2, 198/1,
200/1, 200/2, 201/1, 201/2, 201/3,
202/1, 203/1, 203/2, 204/1, 204/2,
205/1, 205/2, 206/1, 206/2, 209/1,
210/1, 211/3, 214/1, 215/2, 221/1,
221/2, 223/2, 225/1, 225/2

Willner: 93/1, 96/3, 127/3, 156/1,
156/3, 181/1, 186/1, 199/1, 208/1,
208/3, 214/3, 224/3

Zepf: 28/1, 28/3, 38/1, 48/2, 48/3,
51/1, 53/3, 58/1, 60/3, 61/2, 63/2,
69/3, 72/1, 78/1, 97/3, 99/3, 101/1,
101/2, 104/1, 108/1, 136/1, 143/2,
152/3, 155/2, 155/3, 159/2, 163/1,
165/1, 165/2, 166/1, 170/2, 174/1,
174/3, 176/1, 225/3, 228/1, 228/3

Zeichnungen: Marlene Gemke

Karte S. 9: Computergrafik Jörg Mair
Piktogramme: Anton Walter

Die Deutsche Bibliothek -
CIP-Einheitsaufnahme

Ein Titeldatensatz für diese
Publikation ist bei Der Deutschen
Bibliothek erhältlich

Umschlaggestaltung:
Studio Schübel, München

Umschlagfotos: Willner (2x); Pforr

Layoutkonzept Innenteil:
Studio Schübel, München

Lektorat: Dr. Friedrich Kögel
Herstellung: Hermann Maxant

Layout und DTP:
Walter Werbegrafik und
DTP-Design Walter, Gundelfingen

BLV
Verlagsgesellschaft mbH
München Wien Zürich
80797 München

Reproduktionen:
Repro Ludwig, Zell a. See
Druck: Appl, Wemding
Bindung: Ludwig Auer,
Donauwörth

© 2002 BLV Verlagsgesellschaft mbH,
München

Gedruckt auf chlorfrei
gebleichtem Papier

ISBN 3-405-16294-7

Die Natur aktiv entdecken

Thomas Schauer /
Claus Caspari
**Der große BLV
Pflanzenführer**
Über 1500 Blütenpflanzen
Mitteleuropas mit 1140 detail-
lierten Farbzeichnungen und
allen wichtigen Fakten.

Manfred Bocksch
**Das praktische Buch
der Heilpflanzen**
Rund 200 Heilpflanzen im
Porträt mit Informationen zu
Heilanwendungen, Hinweisen
zum Sammeln, Trocknen und
Aufbewahren, zur Zuberei-
tung von Arzneien und zur
Behandlung von Beschwer-
den.

Reiseführer Natur
Roberto Cabo
Spanien
Für Naturfreunde: außer-
gewöhnliche Landschaften
und eine vielfältige Pflan-
zen- und Tierwelt.

**Weitere Naturführer
für den Mittelmeerraum:**
Griechenland · Korsika,
Sardinien · Kreta · Mallorca,
Menorca, Ibiza, Formentera ·
Südliches Frankreich

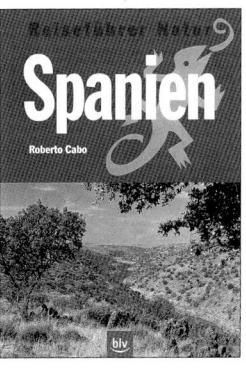

BLV Naturführer
Dankwart Seidel
**Unsere schönsten
Wildpflanzen**
Schöne, seltene oder unge-
wöhnliche Blütenpflanzen
bestimmen.